UNA COSA

O

MIL COSAS

Agradecimiento

Querido lector,

Antes de que empieces este viaje, quiero agradecerte profundamente por haber elegido este libro. En un mundo que constantemente nos empuja a hacer más, a correr más rápido y a abarcarlo todo, el hecho de que te detengas para leer estas palabras ya es un acto de valentía. Estás aquí porque, de alguna manera, sientes la necesidad de hacer una pausa, de encontrar claridad en medio del caos, y de explorar un camino que priorice lo esencial por encima de lo superfluo.

Cada uno de nosotros busca equilibrio y propósito en nuestras vidas, y espero que este libro te ofrezca algo más que simples ideas. Espero que encuentres herramientas útiles, inspiración y, sobre todo, una nueva perspectiva que te permita vivir con más intención y paz.

Gracias por darme el privilegio de acompañarte en este recorrido. Mi deseo es que al terminar estas páginas, encuentres la fuerza para elegir lo que realmente importa y que te lleves la claridad que ya está dentro de ti.

Este libro es para ti. Que disfrutes el proceso de descubrir la senda de una sola cosa.

Con gratitud y esperanza,
El Autor

ÍNDICE

Introducción: La Paradoja del Todo
Explicación de la premisa del libro y la paradoja de querer hacerlo todo a la vez.

La Ilusión de la Multitarea
Por qué la multitarea no es tan efectiva como parece y cómo nos desgasta.

Un Enfoque, Mil Resultados
La magia de concentrarse en una sola cosa y cómo eso genera un impacto mayor.

El Peso de las Mil Cosas
Cómo el querer abarcar demasiado nos agobia y nos deja sin energía.

El Mito del Progreso Rápido
Porque intentar hacer de todo puede dar la impresión de avanzar, pero en realidad nos detiene.

La Clave de la Paciencia
La importancia de la paciencia y el progreso gradual al centrarse en un solo objetivo.

Priorizar para Liberar
Cómo elegir una cosa a la vez nos libera de la ansiedad y el estrés.

Menos es Más
Reflexión sobre cómo al simplificar nuestras vidas y nuestros objetivos, obtenemos más.

La Fuerza de la Concentración
Ejemplos de cómo la concentración puede transformar tareas comunes en logros significativos.

La Trampa de la Dispersión
Las consecuencias de la dispersión mental y cómo afecta nuestro rendimiento.

El Camino del Mono Sabio
Una metáfora para ilustrar cómo un mono que trata de atrapar todos los plátanos pierde más que el que se enfoca en uno solo.

Decisiones Diarias: Una a la Vez
Estrategias para tomar decisiones diarias de manera más efectiva, una a la vez.

La Belleza del Proceso
Cómo disfrutar el proceso de hacer una sola cosa sin preocuparse por lo que viene después.

El Silencio del Enfoque
La paz mental que se obtiene cuando uno se dedica completamente a una tarea.

La Historia del Guerrero y la Flecha
Una historia metafórica sobre un guerrero que sólo con una flecha logra sus objetivos al concentrarse en su objetivo.

Aprender a Decir No
La importancia de decir no a las distracciones y compromisos innecesarios.

La Productividad del Menos

Cómo ser más productivo al reducir la cantidad de tareas y aumentar la calidad de las mismas.

El Poder del Momento Presente

La conexión entre el mindfulness y el enfoque en una sola cosa.

La Meta Invisible: Ser vs. Hacer

Reflexión sobre la diferencia entre lo que somos y lo que hacemos, y cómo definirnos desde el ser.

Conclusión: La Senda de una Sola Cosa

Recapitulación y un llamado a la acción para que cada lector se atreva a elegir un camino de enfoque y claridad.

La Paradoja del Todo

Vivimos en un mundo donde la velocidad es venerada y la capacidad de hacer muchas cosas al mismo tiempo parece ser una cualidad esencial para el éxito. Nos bombardean con la idea de que, para ser valiosos y productivos, debemos correr, abarcar más y hacer mil cosas al día. Pero, ¿es realmente así? ¿De verdad logramos más cuando intentamos hacer todo a la vez?

Este libro, **_UNA COSA O MIL COSAS_**, nace de una verdad tan simple como poderosa: mientras más cosas intentemos abarcar simultáneamente, menos fuerza y enfoque tendremos para hacer cada una de ellas bien. La premisa es clara: lo correcto, lo idóneo, y lo que finalmente lleva a una vida más satisfactoria y plena, es aprender a hacer una cosa a la vez.

En la naturaleza, vemos ejemplos de este principio en acción. Un río fluye con mayor fuerza cuando su cauce es estrecho y definido, pero se dispersa y pierde potencia cuando intenta extenderse en todas direcciones. Así también, nuestra mente y nuestro esfuerzo pierden su poder cuando nos dividimos entre demasiadas tareas, compromisos y pensamientos. Cada vez que nos sobrecargamos, estamos renunciando a la profundidad que podríamos alcanzar si tan solo nos permitiéramos concentrarnos.

Este libro no es una crítica a la ambición ni a los sueños grandes; al contrario, es una invitación a lograrlos de manera más efectiva. Aquí, exploraremos el poder de la concentración, la magia de la simplicidad, y el increíble potencial que se desata cuando dejamos de ser esclavos de la prisa y empezamos a caminar con un propósito claro. Cada capítulo está pensado para ser un paso más en ese camino, un recordatorio de que el verdadero progreso no se mide por la cantidad de cosas que hacemos, sino por la calidad de nuestra presencia en cada cosa que elegimos hacer.

Si estás cansado de sentirte abrumado, si alguna vez has sentido que el día tiene demasiadas horas y que tu mente está en mil lugares a la vez, este libro es para ti. Mi esperanza es que, al llegar a la última página, hayas encontrado el coraje y la claridad para elegir hacer una sola cosa, y hacerla bien, sabiendo que en esa elección radica tu verdadera fuerza.

Bienvenido a este viaje de descubrimiento, a esta invitación a simplificar, a centrarte, y a reencontrar el poder que reside en una vida con propósito. Porque en un mundo que te empuja a elegir entre una cosa o mil, la mejor elección siempre será la que te permita ser tú mismo, un paso a la vez.

Capítulo 1:

La Ilusión de la Multitarea.

En la era digital, ser multitarea parece ser una habilidad esencial. Nos enorgullecemos de nuestra capacidad para atender varias conversaciones, responder correos mientras asistimos a reuniones, y planificar el día mientras conducimos al trabajo. Pero, ¿qué hay detrás de esta aparente capacidad de hacer muchas cosas a la vez? ¿Es realmente tan eficiente como creemos?.

La verdad es que la multitarea es una ilusión. Nuestra mente no fue diseñada para enfocarse en múltiples tareas simultáneamente. De hecho, lo que llamamos "multitarea" es, en realidad, un proceso de cambiar rápidamente de una tarea a otra. Y aunque pueda parecer que avanzamos a un ritmo acelerado, cada cambio de foco conlleva un costo: una pérdida de concentración, un desgaste de energía, y un aumento de los errores.

El Costo Oculto de la Multitarea.

Cada vez que cambiamos de una actividad a otra, nuestra mente necesita tiempo para adaptarse al nuevo contexto. Este fenómeno se conoce como "costo de cambio" y, aunque a simple vista parece insignificante, se acumula a lo largo del día. Cada interrupción, cada desvío de atención, hace que el cerebro se recalibre, lo que nos hace perder segundos, que luego se transforman en minutos, y finalmente en una pérdida de productividad y energía mental.

Imagina que tu mente es como un ordenador con varias ventanas abiertas. Cuando alternas rápidamente entre ellas, el sistema comienza a ralentizarse, y tarde o temprano, algo falla. La memoria se satura, los procesos se entorpecen, y la capacidad de tomar decisiones se debilita. En lugar de aprovechar al máximo nuestra energía, terminamos agotados antes de tiempo, con la sensación de haber estado ocupados todo el día sin haber logrado nada significativo.

La Falsa Promesa de la Eficiencia.

La multitarea nos da una sensación engañosa de productividad. Creemos que estamos avanzando porque estamos "haciendo cosas", pero en realidad estamos trabajando en la superficie de muchas tareas sin profundizar en ninguna. Nos convertimos en malabaristas de nuestra propia vida, pero cada vez que lanzamos una nueva bola al aire, corremos el riesgo de dejar caer las que ya teníamos.

Las investigaciones han demostrado que quienes intentan hacer varias tareas a la vez cometen más errores y necesitan más tiempo para completarlas en comparación con quienes se centran en una sola. La mente humana está diseñada para profundizar, para entrar en un estado de flujo donde la concentración se vuelve intensa y el tiempo parece detenerse. Pero para alcanzar ese estado, necesitamos dar a una tarea nuestra atención total.

El Agotamiento Mental: Un Peaje Inevitable.

La multitarea también tiene un costo emocional. Al forzar a nuestra mente a estar constantemente alerta y lista para cambiar de un tema a otro, creamos un estado de tensión permanente. Es como si estuviéramos corriendo una maratón mental sin descanso, siempre con la sensación de que algo queda pendiente. Esta constante sobrecarga puede llevar a la ansiedad, la frustración y, en casos más graves, al agotamiento mental.

Además, la multitarea nos roba la oportunidad de disfrutar verdaderamente de lo que hacemos. Cuando dividimos nuestra atención entre varias actividades, perdemos la conexión con el momento presente. Las conversaciones se vuelven superficiales, las tareas pierden su sentido, y la vida misma comienza a sentirse como una lista interminable de cosas por hacer. Al final del día, nos encontramos preguntándonos a dónde se fue el tiempo, sin un verdadero sentido de satisfacción.

La Alternativa: El Poder de una Sola Cosa.

Si hay algo que este capítulo busca dejar claro, es que hay una manera mejor de abordar nuestras tareas diarias: hacer una cosa a la vez. Al elegir centrarnos en una sola actividad, recuperamos la profundidad y la calidad de nuestro trabajo. Cada tarea se convierte en una oportunidad para sumergirnos plenamente, para encontrar el ritmo que nos lleva a avanzar de manera significativa.

Cuando nos atrevemos a dejar de lado la ilusión de la multitarea, descubrimos que no necesitamos hacer mil cosas para sentirnos productivos. Solo necesitamos hacer una cosa, pero hacerla bien. La vida se vuelve más sencilla, el estrés disminuye, y la energía que antes se dispersaba en mil direcciones encuentra un camino claro hacia la realización.

Capítulo 2:

Un Enfoque, Mil Resultados.

UNA COSA O MIL COSAS

La naturaleza nos ofrece lecciones poderosas si estamos dispuestos a observar. Imagina un rayo de sol. Cuando su luz se dispersa, apenas nos calienta. Pero, si esa misma luz se concentra a través de una lupa, puede encender un fuego. Este simple experimento de la infancia nos muestra una verdad profunda sobre la vida: la concentración de energía en un solo punto puede generar resultados extraordinarios.

Lo mismo ocurre con nuestro enfoque mental y nuestras acciones. Cuando intentamos abarcar muchas cosas, nuestra energía se diluye, y los resultados que obtenemos suelen ser superficiales y limitados. Pero cuando concentramos toda nuestra atención y esfuerzo en una sola cosa, algo mágico sucede: nuestras capacidades se multiplican, y los resultados se amplifican. Es como si, al poner todo nuestro ser en una tarea, el mundo conspirara a nuestro favor para que cada paso que damos cuente el doble.

La Fuerza del Enfoque: Un Poder Subestimado.

En la vida diaria, subestimamos la fuerza del enfoque. Creemos que, para ser más productivos, necesitamos hacer más. Pero la verdadera productividad no se trata de la cantidad de cosas que hacemos, sino de la calidad con la que las hacemos. Es la diferencia entre intentar llenar un balde con muchas gotas dispersas de agua o dejar que una sola corriente lo llene por completo.

Centrarse en una sola cosa nos permite entrar en un estado de "flujo", un estado mental en el que la atención se vuelve total y las distracciones se desvanecen. En ese estado, nuestro rendimiento alcanza su punto más alto, el tiempo parece detenerse, y el trabajo que hacemos deja de ser un esfuerzo y se convierte en una experiencia gratificante. Este es el momento en el que la magia del enfoque se manifiesta, cuando una tarea sencilla se convierte en una oportunidad para dar lo mejor de nosotros.

La Multiplicación de Resultados.

Cuando nos comprometemos con un solo objetivo, nuestros esfuerzos se alinean y avanzamos con más rapidez y solidez. Por ejemplo, pensemos en un escritor que decide concentrarse exclusivamente en terminar un libro. Si evita las distracciones y se entrega plenamente a su tarea, cada día de trabajo le acercará más a su meta. Pero si el mismo escritor intenta trabajar en varios proyectos a la vez, es probable que ninguno avance con la misma velocidad ni profundidad.

La concentración nos permite aprender más rápido, superar desafíos con mayor facilidad y, sobre todo, disfrutar el proceso. En lugar de sentirnos abrumados por la lista de cosas por hacer, podemos centrarnos en el placer de dominar una tarea, de profundizar en ella, y de ver cómo, día tras día, los resultados se multiplican.

El Efecto Dominó: De lo Pequeño a lo Grande.

Un principio que subyace a la idea de un enfoque único es el del efecto dominó. Imagina una fila de piezas de dominó colocadas una tras otra. Si golpeas la primera pieza, todas las demás caerán en secuencia, con una sola acción desencadenando un efecto en cadena. En la vida, ocurre algo similar cuando nos centramos en una sola cosa. Cada pequeño avance que logramos genera un impacto que se extiende a otras áreas de nuestra vida.

Por ejemplo, al decidir dedicar tiempo a desarrollar una habilidad, como aprender a tocar un instrumento, no solo mejoramos en esa área específica. También desarrollamos disciplina, paciencia y una mentalidad enfocada que podemos aplicar a otros aspectos de nuestra vida. Lo mismo sucede al trabajar en un proyecto profesional o personal: al dedicarle nuestra atención total, aprendemos a organizar nuestro tiempo, a superar obstáculos y a mantenernos motivados a largo plazo.

La Libertad de Elegir lo Esencial.

Enfocarse en una sola cosa no significa renunciar a nuestros sueños o a la posibilidad de explorar diferentes intereses. Más bien, se trata de aprender a elegir qué es lo esencial en cada momento. Es la diferencia entre intentar recoger todas las flores de un campo o dedicarte a cuidar y hacer crecer un único jardín. Al centrarte en lo que realmente importa, puedes ver cómo florecen los resultados.

Esa elección consciente nos libera de la sensación de estar constantemente corriendo contra el tiempo. Nos da la libertad de disfrutar cada paso del camino, sabiendo que, aunque avancemos de forma más pausada, cada acción tiene un propósito claro y una dirección. Al final, la satisfacción no viene de haber hecho mil cosas, sino de haber hecho bien aquello que realmente nos importa.

Un Camino con Propósito.

La magia de concentrarse en una sola cosa radica en su capacidad para transformar nuestra vida de manera profunda. No solo nos ayuda a ser más productivos, sino que nos permite vivir con más intención. Cada día se convierte en una oportunidad para acercarnos a nuestros sueños, para ver cómo nuestros esfuerzos dan fruto, y para disfrutar del proceso de hacer aquello que realmente amamos.

La próxima vez que sienta la tentación de dispersarse, recuerda el poder de la lupa que concentra la luz del sol. Recuerda que, al elegir un camino claro y sencillo, tus resultados no solo se suman, sino que se multiplican. Un enfoque, mil resultados: esa es la promesa que se oculta tras la magia de hacer una cosa a la vez.

Capítulo 3:

El Peso de las Mil Cosas.

En nuestra vida cotidiana, es fácil caer en la trampa de querer abarcar demasiado. Hacemos listas interminables de tareas, nos comprometemos con múltiples proyectos, y asumimos que ser más ocupados nos hará sentir más realizados. Pero la realidad es otra: cuanto más intentamos hacer, más sentimos el peso de cada una de esas tareas, que se acumulan hasta aplastarnos.

El querer abarcar demasiadas cosas a la vez nos llena de una sensación constante de carga, como si lleváramos una mochila invisible que se vuelve cada vez más pesada. Con cada nuevo compromiso, cada tarea pendiente, añadimos una piedra más a esa mochila. Y así, sin darnos cuenta, nuestra mente y nuestro cuerpo empiezan a resentirse.

El Efecto Acumulativo del Estrés.

El peso de las mil cosas no se manifiesta de golpe. Se acumula poco a poco, casi sin que lo notemos. Al principio, puede parecer que tenemos todo bajo control, que somos capaces de manejar múltiples responsabilidades. Pero con el tiempo, el efecto acumulativo del estrés comienza a cobrar factura. Nos sentimos más irritables, agotados y abrumados, incluso cuando no hemos avanzado mucho en lo que nos propusimos hacer.

Cada vez que añadimos una nueva tarea a nuestra lista, nuestra mente debe hacer un esfuerzo adicional para mantenerla presente. Incluso cuando no estamos trabajando activamente en todas esas cosas, el hecho de saber que están pendientes consume nuestra energía mental. Es como si nuestro cerebro tuviera una serie de ventanas abiertas que nunca se cierran del todo, drenando nuestra capacidad de enfocarnos y de disfrutar el presente.

La ansiedad del "Siempre Hay Algo Más".

El resultado de intentar abarcar demasiado es una ansiedad constante. La sensación de que "siempre hay algo más por hacer" se convierte en un ruido de fondo que nos acompaña a todas partes. Aunque logremos completar una tarea, nunca sentimos que hemos terminado realmente, porque hay otras tantas esperando su turno. Esta sensación de insatisfacción perpetua puede llevarnos a un estado de agotamiento físico y emocional.

El querer estar en todas partes y hacer de todo nos roba la posibilidad de disfrutar lo que hacemos. Nos encontramos realizando tareas de forma mecánica, siempre pensando en lo que viene después. Perdemos la conexión con el momento presente y nos sumergimos en una carrera interminable, donde la meta parece alejarse más y más con cada paso que damos.

Las Consecuencias de la Dispersión.

Intentar abarcar demasiado tiene consecuencias concretas. La dispersión de esfuerzos nos hace menos efectivos en todo lo que hacemos. Las tareas se vuelven más lentas, la calidad de nuestro trabajo disminuye, y nos resulta más difícil tomar decisiones con claridad. Al final, lo que parecía ser una forma de ser más productivos se convierte en un obstáculo para nuestro propio progreso.

Esta dispersión también afecta nuestras relaciones. Cuando nuestra mente está ocupada con mil cosas, nos resulta más difícil estar presentes para los demás. Las conversaciones se vuelven superficiales, las conexiones pierden profundidad, y la sensación de soledad puede crecer, incluso cuando estamos rodeados de personas. Intentamos estar en muchos lugares a la vez, pero acabamos sintiéndonos ausentes de todos ellos.

Recuperar la Ligereza: Dejar Ir para Avanzar.

La solución a este agotamiento no es hacer más, sino aprender a hacer menos, de manera más intencional. Dejar ir esas mil cosas que nos pesan no es fácil, pero es un acto de liberación. Significa aceptar que no podemos hacerlo todo, y que está bien decir "no" a ciertas cosas para decir "sí" a las que realmente importan.

Aligerar nuestra carga implica priorizar, soltar compromisos que no nos aportan valor y centrarnos en lo esencial. Es un proceso que requiere valentía, porque muchas veces nos sentimos obligados a mantenernos ocupados para sentirnos valiosos. Pero al soltar esas expectativas autoimpuestas, nos damos cuenta de que lo importante no es la cantidad de cosas que hacemos, sino la calidad de nuestra experiencia en cada una de ellas.

La Paz de la Simplicidad.

Cuando logramos simplificar nuestra vida, sentimos una paz que antes parecía inalcanzable. Es como si, al soltar la mochila de las mil cosas, pudiéramos caminar con más ligereza. Cada paso se siente más natural, y la energía que antes se dispersaba en muchas direcciones se concentra en lo que realmente nos importa.

La paz de la simplicidad no significa dejar de soñar o renunciar a nuestras metas. Al contrario, se trata de reconocer que, al enfocarnos en menos cosas, podemos dar lo mejor de nosotros en cada una. Es la diferencia entre una fogata que arde con fuerza y calienta, y un fuego que intenta encenderse en muchos lugares a la vez y termina por apagarse.

La próxima vez que sientas la tentación de añadir una nueva tarea a tu vida, pregúntate si realmente es necesaria. Pregúntate si te acerca a tus objetivos, o si solo es una carga más para esa mochila invisible que llevas. Al elegir conscientemente qué llevar y qué soltar, estarás recuperando la energía que necesitas para avanzar, un paso a la vez.

Capítulo 4:

El Mito del Progreso Rápido.

Vivimos en una sociedad que valora la velocidad. Queremos resultados inmediatos, soluciones rápidas y un camino que nos lleve al éxito sin perder tiempo. A menudo, pensamos que la mejor forma de progresar es hacer más cosas al mismo tiempo. Al abarcar múltiples tareas, sentimos que avanzamos rápidamente, como si cada actividad fuera un paso más hacia nuestros objetivos. Pero hay un problema con esta idea: el progreso rápido es, muchas veces, solo una ilusión.

Intentar hacer de todo nos puede dar la sensación de movimiento constante, pero, en realidad, nos mantiene en un lugar fijo. Es como remar en todas direcciones al mismo tiempo: cada remo se mueve, el agua salpica y parece que hay actividad, pero el bote no avanza. El esfuerzo se disipa en mil direcciones, y el verdadero progreso, el que nos lleva a lograr algo significativo, queda fuera de nuestro alcance.

La Trampa del Movimiento sin Dirección.

La ilusión del progreso rápido se alimenta de la actividad constante. Cada vez que tachamos una tarea de nuestra lista, sentimos una breve satisfacción, como si hubiéramos logrado un pequeño triunfo. Sin embargo, muchas de esas tareas no nos acercan realmente a nuestras metas más importantes. Son distracciones disfrazadas de productividad, que nos mantienen ocupados pero no nos permiten avanzar de forma significativa.

Cuando intentamos hacer de todo, perdemos de vista lo que realmente importa. Es fácil sentirnos productivos al enviar correos, atender llamadas, o realizar tareas menores. Pero, al final del día, nos damos cuenta de que las grandes prioridades, esos proyectos que podrían transformar nuestra vida, han quedado relegados al fondo. La sensación de avance se convierte en frustración cuando, tras tanto esfuerzo, nos damos cuenta de que seguimos lejos de nuestras metas.

El Falso Impulso de la Multitarea.

La multitarea nos da la impresión de que estamos aprovechando mejor el tiempo. Pensamos que, al abordar varios frentes a la vez, estamos multiplicando nuestro rendimiento. Pero en realidad, la multitarea hace que cada una de esas actividades avance de forma más lenta y con menor calidad. Lo que parece ser un progreso rápido, no es más que un impulso superficial que se disipa con rapidez.

En lugar de avanzar con fuerza en una dirección clara, terminamos dando pasos cortos y vacilantes en muchas direcciones. Este tipo de progreso es como un río que se divide en muchos pequeños arroyos: pierde su fuerza y su profundidad. Al intentar abarcar tanto, sacrificamos la posibilidad de hacer un trabajo profundo y significativo, de ese que realmente deja una huella y nos permite crecer.

La Paradoja de la Velocidad y la Profundidad.

La paradoja del progreso rápido es que, cuanto más intentamos avanzar de forma acelerada, más nos estancamos. Esto ocurre porque no dedicamos suficiente tiempo a profundizar en cada tarea. Nos saltamos pasos importantes, tomamos atajos y, en el proceso, dejamos de aprender y de mejorar. A largo plazo, esto nos detiene mucho más de lo que creemos.

Imagina que quieres aprender a tocar un instrumento musical. Si intentas aprender todas las canciones y técnicas de una sola vez, es probable que te frustres y que, al final, no domines ninguna. Pero si te concentras en aprender una canción con dedicación, si practicas hasta dominar cada nota, pronto descubrirás que esa profundidad te permite aprender las siguientes canciones con mayor facilidad y disfrute.

Lo mismo se aplica a cualquier meta o proyecto en la vida. La profundidad es lo que nos permite construir una base sólida, y una base sólida es la única forma de sostener un verdadero avance. Si en lugar de intentar correr hacia la meta, nos tomamos el tiempo para avanzar paso a paso, descubrimos que, aunque el progreso sea más lento al principio, se vuelve más seguro y significativo a medida que continuamos.

Redefinir el Progreso: Menos, pero Mejor.

Para liberarnos de la ilusión del progreso rápido, es necesario redefinir lo que entendemos por avanzar. No se trata de hacer más en menos tiempo, sino de hacer lo correcto de la mejor manera posible. De enfocarnos en lo que realmente importa, de dedicarle tiempo y atención a una tarea antes de pasar a la siguiente. Es un enfoque que requiere paciencia, pero que, a largo plazo, nos recompensa con resultados sólidos y duraderos.

La clave está en elegir una meta clara y en trabajar en ella con constancia. Al centrarnos en una cosa a la vez, evitamos dispersarnos y podemos avanzar con un propósito definido. En lugar de malgastar nuestra energía en mil tareas pequeñas, concentramos nuestros esfuerzos en aquellas que tienen un verdadero impacto en nuestra vida. Y, así, cada paso que damos nos acerca, de manera tangible, a nuestras metas.

La Satisfacción del Progreso Real.

Al abandonar la prisa y el impulso de querer hacerlo todo, descubrimos una nueva forma de avanzar: más lenta, pero también más satisfactoria. Sentimos la alegría de ver cómo, poco a poco, nuestras habilidades mejoran, nuestros proyectos toman forma y nuestras metas se vuelven alcanzables. Dejamos de preocuparnos por competir con la velocidad de los demás y empezamos a disfrutar de nuestro propio ritmo.

La satisfacción de un progreso real no viene de haber hecho mil cosas, sino de haber logrado una cosa que realmente nos importa. Esa satisfacción es la que nos mantiene motivados, la que nos da la fuerza para seguir adelante, incluso cuando el camino parece largo. Es la satisfacción de saber que, aunque el avance no sea rápido, cada paso nos lleva hacia adelante, y que, al final, estamos construyendo algo que vale la pena.

Capítulo 5:

La Clave de la Paciencia.

Vivimos en un mundo que nos empuja a buscar resultados inmediatos. Queremos aprender rápido, avanzar rápido, y alcanzar nuestras metas sin demora. Pero hay un ingrediente esencial que muchas veces olvidamos en esta búsqueda: (la paciencia). La paciencia no es solo la capacidad de esperar, sino la sabiduría de entender que algunas cosas necesitan tiempo para crecer y desarrollarse, especialmente cuando decidimos enfocarnos en un solo objetivo.

La paciencia nos enseña a respetar el ritmo natural del progreso, a comprender que los grandes logros no son fruto de un esfuerzo repentino, sino de un trabajo constante, paso a paso. En una era de gratificación instantánea, la paciencia es un tesoro raro que nos permite disfrutar del proceso y ver cómo, poco a poco, nuestro esfuerzo se convierte en resultados reales y duraderos.

Progreso Gradual: El Arte de Construir con Tiempo.

El progreso gradual es como el crecimiento de una planta. Si siembras una semilla, no esperas que al día siguiente haya un árbol. Sabes que necesita tiempo, agua, y luz para crecer. Lo mismo ocurre con cualquier meta o proyecto en la vida. Al centrarte en un solo objetivo, la paciencia se convierte en tu aliada, permitiéndote nutrirlo y verlo florecer.

La paciencia nos permite mantenernos firmes cuando los resultados no son inmediatos. Nos ayuda a entender que el esfuerzo que ponemos cada día no es en vano, incluso si no vemos los frutos de inmediato. Cada pequeño paso, cada momento de dedicación, es una inversión en el futuro. La paciencia nos da la fortaleza para seguir adelante, incluso cuando el camino parece largo, porque sabemos que, eventualmente, el esfuerzo dará frutos.

La Impaciencia y sus Efectos: ¿Por Qué Nos Sabotea?.

La impaciencia, por otro lado, es una trampa que nos hace querer apresurar todo. Nos lleva a abandonar proyectos cuando no vemos resultados rápidos, a cambiar de rumbo constantemente, y a sentirnos frustrados porque el progreso no es tan rápido como quisiéramos. Pero esa urgencia por llegar rápido nos hace perder de vista algo fundamental: el valor de lo que estamos construyendo.

Intentar acelerar un proceso que requiere tiempo es como querer abrir un capullo de flor antes de que esté listo. Al hacerlo, no solo arruinamos la belleza del resultado, sino que también perdemos la oportunidad de disfrutar de cada etapa del proceso. La impaciencia nos roba la posibilidad de aprender, de perfeccionarnos, y de apreciar cada pequeño avance. Es una carrera contra el tiempo que, al final, no nos lleva a ningún lugar.

La paciencia como Camino a la Maestría.

La paciencia es la clave para desarrollar la maestría en cualquier área de la vida. Cualquier persona que haya logrado grandes cosas sabe que la excelencia no se alcanza de la noche a la mañana. Los grandes músicos, artistas, deportistas y emprendedores comparten un mismo secreto: la capacidad de mantenerse enfocados en su objetivo a lo largo del tiempo, con paciencia y perseverancia.

La maestría es el resultado de un compromiso prolongado con una única meta.

Requiere tiempo para cometer errores, para aprender de ellos, y para mejorar de manera gradual. Cuando nos permitimos ser pacientes, aceptamos que el proceso de aprendizaje es lento, pero que cada día nos acerca un poco más a nuestro objetivo final. Es un acto de fe en el tiempo, y de confianza en nuestra capacidad para mejorar con cada paso.

Disfrutar del Proceso: Un Regalo de la Paciencia.

La paciencia también nos permite disfrutar del proceso. Cuando dejamos de obsesionarnos con el resultado final, empezamos a ver el valor en cada pequeño logro. Aprendemos a saborear el esfuerzo diario, a encontrar satisfacción en el simple hecho de avanzar, aunque sea un poco cada día. Este cambio de perspectiva nos libera de la ansiedad por el futuro y nos permite vivir plenamente el presente.

Cada paso que damos, por pequeño que sea, se convierte en una fuente de motivación. Celebramos nuestras pequeñas victorias y nos damos cuenta de que, aunque el progreso sea lento, es constante. La paciencia nos invita a ser más amables con nosotros mismos, a reconocer que estamos haciendo lo mejor que podemos, y a disfrutar de la tranquilidad que trae el saber que, eventualmente, llegaremos a donde queremos.

La Fortaleza de la Paciencia: Un Escudo Contra la Frustración.

La paciencia es, en última instancia, una forma de fortaleza. Es lo que nos protege contra la frustración y el desánimo cuando los resultados no llegan de inmediato. Nos da la capacidad de resistir la tentación de abandonar cuando las cosas se ponen difíciles, y de mantenernos fieles a nuestro propósito, incluso cuando el camino parece interminable.

Cuando somos pacientes, nos convertimos en personas más resilientes. Aprendemos a aceptar que el progreso no siempre es lineal, que a veces hay retrocesos y pausas. Pero en lugar de ver esos momentos como fracasos, los vemos como parte del proceso. La paciencia nos enseña que cada paso atrás es una oportunidad para aprender, y que cada pausa es una preparación para avanzar con más fuerza.

Un compromiso con lo que Realmente Importa.

La paciencia nos recuerda que las cosas que realmente valen la pena requieren tiempo. Al centrarnos en un solo objetivo y dedicarle el tiempo necesario, estamos haciendo un compromiso con lo que realmente importa. Estamos eligiendo la profundidad sobre la superficialidad, la calidad sobre la cantidad, y el valor duradero sobre la satisfacción momentánea.

En un mundo que nos empuja a ser rápidos y eficientes, la paciencia nos invita a ser más humanos, a recordar que no somos máquinas, y que nuestro crecimiento es un proceso que lleva tiempo. Nos recuerda que el verdadero éxito no es llegar rápido, sino llegar con la certeza de que hemos hecho las cosas bien, de que hemos dado lo mejor de nosotros en cada paso del camino.

Capítulo 6:

Priorizar para liberar.

En la vida moderna, nos enfrentamos a un aluvión de responsabilidades, tareas y compromisos que parecen multiplicarse cada día. Es fácil sentirse abrumado cuando todo parece importante y urgente. Sin embargo, existe un antídoto para esta sobrecarga: la capacidad de priorizar. Al elegir enfocarnos en una sola cosa a la vez, no solo hacemos un uso más eficiente de nuestro tiempo, sino que también nos liberamos de la ansiedad y el estrés que nos produce intentar abarcarlo todo.

Priorizar es un acto de simplificación. Es la habilidad de distinguir lo esencial de lo accesorio, de concentrarse en aquello que realmente importa y dejar de lado lo que no aporta valor. Este enfoque nos permite avanzar con mayor claridad y calma, aliviando la carga mental de sentir que todo debe ser atendido al mismo tiempo.

La Libertad de Decir "No" a lo Secundario.

Una de las mayores fuentes de estrés es la sensación de estar constantemente tironeados en diferentes direcciones. Sentimos que cada tarea es un recordatorio de algo pendiente, y que cada decisión que tomamos nos obliga a posponer otra cosa. Sin embargo, cuando aprendemos a priorizar, descubrimos una verdad liberadora: no todo merece nuestra atención inmediata. Al decir "no" a lo secundario, abrimos espacio para lo que verdaderamente nos importa.

Decir "no" es difícil porque tememos perder oportunidades o decepcionar a los demás. Pero cada vez que decimos "no" a algo que nos desvía de nuestro propósito, estamos diciendo "sí" a lo que de verdad nos importa. Esta decisión nos da la libertad de dedicar nuestro tiempo y energía a aquello que nos acerca a nuestras metas y nos hace sentir realizados.

La Ansiedad de la Sobrecarga y el Poder de la Claridad.

La ansiedad a menudo surge cuando sentimos que no estamos haciendo lo suficiente, que el tiempo no nos alcanza y que nos estamos quedando atrás. Al priorizar una sola tarea a la vez, dejamos de lado esa sensación de urgencia constante. Nos permitimos concentrarnos plenamente en lo que estamos haciendo, sabiendo que, al hacerlo, estamos avanzando hacia lo que es más importante para nosotros.

Esta claridad nos da un sentido de dirección y propósito, lo cual es esencial para aliviar el estrés. Cuando sabemos cuál es nuestro objetivo principal, nos resulta más fácil tomar decisiones, gestionar nuestro tiempo y evitar caer en la trampa de la dispersión. La claridad que viene de priorizar nos permite sentirnos más en control de nuestras vidas y menos a merced de las demandas externas.

La Trampa de la Urgencia y Cómo Evitarla.

En la vida cotidiana, es fácil quedar atrapados en la trampa de la urgencia. Recibimos correos electrónicos, mensajes y notificaciones que nos piden una respuesta inmediata. Sin embargo, no todo lo que es urgente es realmente importante. Priorizar significa aprender a diferenciar entre lo que es urgente y lo que tiene un valor duradero. Es tomar la decisión consciente de no dejarnos arrastrar por el flujo constante de demandas externas.

Cuando priorizamos, hacemos un alto y nos preguntamos: "¿Qué es lo más importante en este momento? ¿Qué actividad tendrá el mayor impacto a largo plazo?" Este simple ejercicio de reflexión nos ayuda a salir del piloto automático y a actuar con intención. Nos permite evitar la trampa de la urgencia y centrarnos en aquello que nos llevará más lejos en nuestro camino.

Priorizar para Encontrar Paz Interior.

La sensación de paz que proviene de priorizar es única. Al elegir una cosa a la vez, eliminamos la constante preocupación por lo que no estamos haciendo. Nos damos permiso para estar plenamente presentes, para disfrutar del proceso y para confiar en que estamos avanzando hacia nuestras metas de manera sólida.

Esta paz no es solo una ausencia de estrés, sino un estado de satisfacción interna. Es saber que, aunque haya otras cosas por hacer, estamos dedicando nuestro tiempo y energía a lo que realmente vale la pena. Es sentir que nuestro esfuerzo tiene un propósito claro, lo cual nos libera de la carga de intentar estar en todas partes al mismo tiempo.

El Efecto de la Prioridad en Nuestras Relaciones.

Priorizar no solo impacta nuestro trabajo, sino también nuestras relaciones. Cuando decidimos dedicar tiempo de calidad a las personas que nos importan, en lugar de intentar repartirnos entre mil compromisos, nuestras relaciones se fortalecen. Las conexiones se profundizan cuando nos entregamos con toda nuestra atención y dejamos de lado las distracciones.

Al priorizar, también aprendemos a comunicarnos mejor, a expresar nuestras necesidades y a entender las de los demás. Establecemos límites saludables que nos permiten mantener el equilibrio entre nuestras responsabilidades y nuestro bienestar. Este enfoque nos da la libertad de ser más auténticos en nuestras interacciones y de construir vínculos más genuinos.

Priorizar para Crear un Futuro Mejor.

Finalmente, priorizar es una forma de construir el futuro que deseamos. Cada decisión que tomamos sobre dónde poner nuestra energía es un paso hacia la vida que queremos crear. Al elegir una cosa a la vez, nos aseguramos de que cada acción que emprendemos nos acerca un poco más a nuestras metas y sueños.

La clave está en recordar que no podemos hacer todo al mismo tiempo, pero sí podemos avanzar, paso a paso, en lo que es realmente importante para nosotros. Al hacerlo, nos liberamos de la presión de intentar ser perfectos y de la falsa creencia de que debemos tenerlo todo bajo control. Priorizando, nos damos cuenta de que, aunque no podamos hacerlo todo, podemos hacer lo que realmente importa, y hacerlo bien.

Capítulo 7:

Menos es Más.

La simplicidad es un concepto que, en medio de la complejidad del mundo actual, resulta casi revolucionario. Vivimos en una era donde se nos incentiva a tener más, a hacer más, a buscar más. Sin embargo, hay un poder transformador en la idea de que, a veces, menos es más. Reducir lo innecesario, simplificar nuestras vidas y centrarnos en lo esencial no solo nos libera del peso de la sobrecarga, sino que también nos permite vivir con mayor intención y alcanzar un bienestar profundo.

Simplificar no es renunciar a nuestras ambiciones o conformarnos con menos. Es, en realidad, un acto de claridad. Es la capacidad de ver lo que realmente importa y dedicar nuestros esfuerzos a eso. Al reducir lo superfluo, nos liberamos de distracciones y creamos espacio para que lo que de verdad nos importa pueda florecer.

La Belleza de lo Esencial.

Imagina un jardín desbordado de plantas que compiten por la luz y los nutrientes. En ese caos, ninguna planta crece con plenitud. Ahora imagina un jardín donde solo se han dejado las flores más hermosas y las plantas más saludables. Cada una tiene el espacio y la atención que necesita para crecer fuerte. Así es la vida cuando decidimos simplificar.

Al simplificar nuestras metas, reducimos el ruido y la confusión que nos impide avanzar. En lugar de intentar cumplir con mil objetivos al mismo tiempo, elegimos unos pocos que realmente nos importan. Esto nos permite dedicarles la energía y el tiempo que merecen. Al enfocarnos en lo esencial, descubrimos que podemos lograr un impacto mucho mayor que cuando intentamos abarcarlo todo.

El Mito de la Acumulación: ¿Realmente necesitamos Tanto?.

Vivimos en un mundo donde la acumulación se ha convertido en un símbolo de éxito. Se nos ha hecho creer que mientras más cosas tengamos, más felices seremos. Sin embargo, lo que muchas veces encontramos es lo contrario: cuanto más acumulamos, más sentimos el peso de lo que poseemos. La acumulación puede convertirse en una fuente de estrés y ansiedad, porque cada cosa extra que añadimos a nuestra vida requiere tiempo, atención y cuidado.

Simplificar significa liberarnos de lo innecesario. Significa preguntarnos qué es lo que realmente necesitamos para ser felices y deshacernos de aquello que no aporta valor. Esto no solo aplica a lo material, sino también a nuestras actividades, compromisos y metas. Al soltar lo que no es esencial, nos damos la oportunidad de vivir con más ligereza, de enfocarnos en lo que realmente nos hace bien y de disfrutar más de la vida.

La Productividad a Través de la Simplicidad.

Curiosamente, una de las mejores formas de ser más productivos es hacer menos. En lugar de abarrotar nuestras agendas con tareas y actividades, podemos elegir solo aquellas que son verdaderamente importantes. Esto nos permite dedicarles la atención que merecen y realizarlas con mayor calidad.

Cuando simplificamos nuestras prioridades, descubrimos que somos más eficaces. Al tener menos cosas en las que concentrarnos, nos volvemos más hábiles en lo que hacemos. Esto nos permite entrar en un estado de flujo, donde el trabajo fluye de manera natural y logramos un rendimiento óptimo. En lugar de dividir nuestra energía entre muchas tareas, la concentramos en unas pocas, logrando resultados que nos sorprenden.

Simplificar para Recuperar el Tiempo.

El tiempo es uno de los recursos más valiosos que tenemos, y la simplicidad nos ayuda a recuperarlo. Cuando dejamos de lado lo que no es esencial, de repente nos encontramos con más tiempo para las cosas que realmente nos importan: pasar tiempo con nuestros seres queridos, dedicar tiempo a nuestros pasatiempos, o simplemente descansar.

Al simplificar, nos liberamos de la sensación de urgencia constante y nos damos el regalo de la calma. Esto nos permite vivir de manera más plena, con más espacio para la reflexión y la creatividad. Nos da la oportunidad de detenernos, de disfrutar del momento presente y de reconectar con nosotros mismos y con los demás.

El Poder de lo Pequeño: Cómo Menos Puede Conducir a Más.

La filosofía de "menos es más" nos invita a ver la vida desde una perspectiva diferente. En lugar de centrarnos en la cantidad, nos centramos en la calidad. Esto significa que cada cosa que hacemos, cada decisión que tomamos, tiene un mayor impacto. En lugar de intentar hacer muchas cosas de manera mediocre, hacemos unas pocas de manera excelente.

Menos compromisos nos permiten dedicar más tiempo a cada uno. Menos distracciones nos permiten profundizar más en lo que hacemos. Menos preocupaciones nos permiten disfrutar más de lo que tenemos. Al simplificar, descubrimos que la vida se vuelve más rica y significativa, no por tener más cosas, sino por disfrutar más de las que ya tenemos.

Simplificar para Vivir con Intención.

Vivir con intención significa tomar decisiones conscientes sobre cómo usamos nuestro tiempo y nuestra energía. Significa elegir lo que realmente queremos en lugar de dejarnos llevar por lo que se espera de nosotros. La simplicidad nos da el espacio para hacer estas elecciones con claridad y para alinear nuestra vida con nuestros verdaderos valores.

Cuando simplificamos, nos liberamos de la presión de ser todo para todos y de intentar cumplir con expectativas ajenas. Nos damos permiso para vivir de acuerdo con nuestras propias prioridades y para encontrar satisfacción en lo que realmente nos llena. Esta es la verdadera esencia de la simplicidad: una vida más auténtica, más consciente, y, en última instancia, más plena.

Capítulo 8:

La Fuerza de la Concentración.

La concentración es como un rayo de luz enfocado en un solo punto: cuando la dirigimos con precisión, tiene el poder de transformar lo ordinario en extraordinario. En un mundo donde las distracciones están a la orden del día, cultivar la capacidad de concentrarse es una habilidad que puede marcar la diferencia entre el éxito y la mediocridad. No se trata solo de hacer las cosas, sino de hacerlas con una profundidad y una atención que les da un significado y un impacto mayores.

Cuando dedicamos nuestra completa atención a una tarea, lo que antes parecía una acción común se convierte en una experiencia enriquecedora. La concentración nos permite entrar en un estado de flujo, donde el tiempo parece detenerse y cada movimiento se convierte en un paso hacia el logro. Esta habilidad de enfocar la mente y el cuerpo en un solo objetivo nos da la posibilidad de alcanzar resultados que de otro modo parecerían inalcanzables.

La Concentración en las Tareas Cotidianas.

No es necesario ser un gran atleta, artista o científico para experimentar el poder de la concentración. De hecho, muchas de las tareas más cotidianas pueden transformarse cuando les dedicamos toda nuestra atención. Imagina, por ejemplo, la simple tarea de cocinar una comida. Si lo hacemos de manera automática, pensando en otras cosas, es solo una actividad más del día. Pero si nos concentramos en cada paso, desde cortar los ingredientes hasta percibir los aromas y sabores, la experiencia se convierte en un momento de creación y disfrute.

Esta misma actitud de atención plena puede aplicarse a cualquier actividad: leer un libro, escribir un informe, cuidar un jardín o incluso mantener una conversación. La diferencia entre hacer algo con distracción y hacerlo con concentración es abismal. En el primer caso, las acciones se sienten como una obligación; en el segundo, se convierten en una oportunidad para encontrar significado y satisfacción.

Ejemplos de Logros a Través de la Concentración.

La historia está llena de ejemplos de personas que lograron grandes cosas gracias a su capacidad de concentrarse en un solo objetivo. Pensemos en un escultor que, con paciencia y dedicación, transforma un bloque de mármol en una obra de arte. Cada golpe de cincel, cada detalle en la superficie, es el resultado de una concentración profunda. Sin esa capacidad de enfocar su mente y su energía, el bloque de mármol permanecería sin forma.

Otro ejemplo es el de los deportistas de alto rendimiento, que entrenan durante horas, día tras día, para mejorar sus habilidades. La concentración les permite alcanzar niveles de precisión y excelencia que parecen sobrehumanos. No es solo el esfuerzo físico lo que cuenta, sino la capacidad de mantener la mente fija en la meta, incluso cuando el cuerpo se cansa y la motivación flaquea.

La Concentración como una Habilidad que se Cultiva.

A menudo pensamos que la concentración es algo con lo que nacemos, pero en realidad es una habilidad que se puede desarrollar y fortalecer con la práctica. No es fácil, especialmente en un mundo lleno de distracciones, pero cada vez que elegimos mantenernos enfocados, estamos entrenando nuestra mente para ser más fuerte y resistente a la dispersión.

Una manera de cultivar la concentración es establecer rutinas diarias que nos permitan centrarnos en una sola actividad a la vez. Por ejemplo, dedicar un tiempo específico para trabajar sin interrupciones, apagar las notificaciones del teléfono cuando estamos leyendo o escribir un diario donde reflejamos nuestros pensamientos sin distracciones. Estas pequeñas prácticas nos enseñan a darle la importancia que merece a cada momento, y nos permiten apreciar la profundidad que la concentración puede aportar a nuestras vidas.

La Magia del Progreso Lento pero Seguro.

La concentración nos enseña que el progreso no siempre es inmediato, pero que cada esfuerzo cuenta. Es como una gota de agua que, con el tiempo, puede moldear una roca. Cuando nos concentramos en una meta y trabajamos constantemente hacia ella, aunque el avance parezca lento, estamos construyendo una base sólida para el éxito.

Un ejemplo claro de esto es el aprendizaje de un instrumento musical. Al principio, cada nota requiere esfuerzo y concentración. Pero con la práctica diaria y la atención a los detalles, lo que antes era difícil se convierte en un segundo idioma. La música fluye de manera natural, y lo que en su momento fue un desafío se convierte en una fuente de disfrute y expresión personal.

La Paz que Brinda la Concentración.

La concentración no solo nos ayuda a lograr más, sino que también nos da paz interior. Cuando estamos totalmente presentes en lo que hacemos, dejamos de preocuparnos por lo que no estamos haciendo. Nos liberamos de la ansiedad que proviene de pensar en mil cosas al mismo tiempo y nos sumergimos en la satisfacción de estar plenamente comprometidos con una sola actividad.

Este enfoque nos permite vivir con mayor calma y disfrutar del presente, sin la constante presión de saltar de una cosa a otra. Nos da la oportunidad de apreciar los pequeños detalles, de encontrar belleza en lo simple y de descubrir que cada tarea, por trivial que parezca, puede convertirse en una fuente de crecimiento personal y satisfacción cuando le dedicamos toda nuestra atención.

Conclusión: La Concentración Como Camino a la Excelencia.

La concentración es una puerta hacia la excelencia, no porque nos haga hacer más cosas, sino porque nos permite hacerlas mejor. Es el poder de estar presentes, de elegir una cosa y darle lo mejor de nosotros. Al desarrollar esta habilidad, transformamos nuestras vidas y nos acercamos a nuestros sueños con una determinación inquebrantable.

La próxima vez que te enfrentes a una tarea, grande o pequeña, intenta dedicarle toda tu concentración. Descubrirás que el mundo se vuelve más nítido, que el tiempo se expande, y que el acto de concentrarse es, en sí mismo, una forma de alcanzar el éxito.

Capítulo 9:

La Trampa de la Dispersión.

Vivimos en un mundo donde las oportunidades y las distracciones nos rodean por todas partes. Desde notificaciones constantes en nuestros dispositivos hasta la presión de atender múltiples compromisos, la tentación de dispersarnos nunca ha sido tan fuerte. Sin embargo, caer en la trampa de la dispersión mental puede ser uno de los mayores obstáculos para nuestro crecimiento y bienestar. La dispersión nos roba el enfoque, nos aleja de nuestras metas y, a menudo, nos deja con una sensación de insatisfacción y frustración.

La dispersión ocurre cuando intentamos abarcar demasiado a la vez, ya sea a nivel de pensamientos, tareas o responsabilidades. Es esa sensación de saltar de una idea a otra sin llegar a profundizar en ninguna. A simple vista, puede parecer que estamos avanzando, pero en realidad, estamos diluyendo nuestra energía y perdiendo el rumbo. Comprender cómo la dispersión afecta nuestro rendimiento es el primer paso para liberarnos de su influencia y recuperar el control sobre nuestras vidas.

La Dispersión y el Desgaste Mental.

Uno de los efectos más evidentes de la dispersión es el desgaste mental. Nuestra mente, al estar constantemente cambiando de un tema a otro, gasta más energía de la que creemos. Imagina una computadora que intenta ejecutar múltiples programas al mismo tiempo: eventualmente, se vuelve lenta y empieza a fallar. Lo mismo sucede con nuestra mente. Cuantas más cosas intentamos abarcar, más nos agotamos.

La dispersión también genera una sensación constante de estar ocupados pero no productivos. Puede que tengamos días llenos de actividades, pero al final de la jornada, sentimos que no hemos logrado nada significativo. Esta sensación de insatisfacción es una señal de que hemos sido arrastrados por la trampa de la dispersión. En lugar de avanzar hacia nuestras metas, nos hemos quedado atrapados en una rueda de tareas menores que no nos llevan a ningún lado.

Las Consecuencias en la Calidad de Nuestro Trabajo.

Cuando nuestra mente está dispersa, la calidad de nuestro trabajo se ve afectada. Cada vez que cambiamos de una tarea a otra, perdemos el hilo y necesitamos tiempo para volver a concentrarnos. Esto no solo reduce nuestra eficiencia, sino que también aumenta la posibilidad de cometer errores. En lugar de dedicar toda nuestra atención a una actividad, la dividimos entre muchas, lo que nos impide alcanzar la excelencia.

Además, la dispersión nos hace perder la oportunidad de profundizar en lo que hacemos. Al no dedicarle el tiempo suficiente a una sola actividad, nos quedamos en la superficie, sin desarrollar la maestría que solo se alcanza con el enfoque y la práctica constante. Esto puede ser particularmente perjudicial en proyectos a largo plazo, donde la paciencia y la dedicación son clave para lograr resultados duraderos.

El Impacto en Nuestras Emociones y Relaciones.

La dispersión no solo afecta nuestro rendimiento, sino también nuestras emociones y relaciones. Cuando nuestra mente está en mil lugares a la vez, nos volvemos más impacientes y fácilmente irritables. Sentimos que nunca tenemos tiempo suficiente, y esta sensación de urgencia constante nos genera estrés y ansiedad.

En nuestras relaciones personales, la dispersión puede ser especialmente dañina. Estar físicamente presentes pero mentalmente ausentes puede hacer que nuestras interacciones pierdan profundidad. Escuchar a alguien mientras pensamos en nuestras propias preocupaciones o revisamos el teléfono constantemente envía el mensaje de que no estamos realmente interesados. Al estar dispersos, perdemos la oportunidad de conectar de manera auténtica con quienes nos rodean.

Cómo la Dispersión Nos Aleja de Nuestras Metas.

Una de las trampas más peligrosas de la dispersión es que nos hace perder de vista nuestras metas. Al tratar de abarcar demasiados objetivos a la vez, nos resulta difícil avanzar en una dirección clara. Es como un barco que cambia de rumbo constantemente: puede estar en movimiento, pero nunca llega a su destino.

La dispersión nos lleva a perseguir pequeñas metas que parecen urgentes en lugar de concentrarnos en lo que realmente importa. Esto se traduce en un progreso lento o incluso en la sensación de estancamiento. Nos encontramos trabajando duro, pero sin acercarnos a nuestros verdaderos sueños. La clave para superar esta trampa es aprender a identificar lo esencial y comprometernos con ello, dejando de lado lo que solo nos desvía del camino.

El Valor de la Presencia: Un Antídoto Contra la Dispersión.

La buena noticia es que la dispersión mental no es un estado permanente. Podemos recuperar nuestra claridad y enfoque practicando la presencia. Estar presentes significa ser conscientes de lo que estamos haciendo en cada momento, sin permitir que la mente divague de una cosa a otra. Es un acto de decisión consciente: elegir estar aquí y ahora, con toda nuestra atención.

Para combatir la dispersión, es útil dedicar momentos específicos del día a reflexionar sobre nuestras prioridades. Preguntarnos: "¿En qué quiero enfocar mi energía hoy?" Puede ser un ejercicio sencillo pero poderoso. También podemos practicar la atención plena en actividades cotidianas, como comer, caminar o conversar, permitiéndonos experimentar cada momento con mayor intensidad y satisfacción.

Liberarse de la Trampa: Volver a lo esencial.

Superar la trampa de la dispersión es un proceso de simplificación. Se trata de identificar las pocas cosas que realmente importan y de comprometernos a darles la atención que merecen. Esto no significa que dejemos de tener múltiples intereses, sino que aprendemos a manejarlos de manera que no compitan por nuestra energía. Establecer límites claros y aprender a decir "no" a lo que nos distrae es fundamental para recuperar el control.

La recompensa de liberarnos de la dispersión es una vida más enfocada y plena. Al centrarnos en una cosa a la vez, descubrimos que podemos avanzar con mayor seguridad, disfrutar más del proceso y alcanzar nuestras metas con una satisfacción mucho más profunda. Dejamos de lado la sensación de estar constantemente apresurados y recuperamos el placer de hacer bien lo que realmente nos importa.

Conclusión: Un Llamado a la Atención Consciente.

La dispersión es una trampa que todos podemos evitar si aprendemos a estar presentes y a valorar la concentración. Al elegir un enfoque consciente, nos damos el regalo de una vida más plena y significativa. Dejamos de ser arrastrados por la corriente de la urgencia y tomamos el timón de nuestro propio destino. Así, cada paso que damos nos acerca a lo que realmente queremos, y nuestras acciones se convierten en reflejos de nuestra verdadera esencia.

Capítulo 10:

El Camino del Mono Sabio.

Imagínate un bosque lleno de árboles frutales, y entre ellos, un mono que salta de rama en rama, tratando de atrapar todos los plátanos que encuentra a su paso. Este mono se esfuerza por alcanzar cada plátano, estirando sus brazos y perdiendo el equilibrio una y otra vez. Aunque parece que tiene muchas oportunidades, su obsesión por no dejar escapar ninguno lo deja agotado y sin nada en sus manos. Pero, en el mismo bosque, hay otro mono que ha aprendido un enfoque diferente: se concentra en un solo plátano, lo persigue con paciencia y, cuando lo atrapa, se sienta a disfrutarlo con calma.

Esta metáfora del "Camino del Mono Sabio" ilustra la elección que enfrentamos todos los días: tratar de hacerlo todo al mismo tiempo y terminar con las manos vacías, o centrarnos en una sola cosa y disfrutar de sus frutos. En nuestra vida diaria, actuar como el primer mono nos lleva a la dispersión, la fatiga y la insatisfacción. Sin embargo, cuando adoptamos la actitud del mono sabio, nos damos la oportunidad de avanzar con propósito, disfrutar de lo que logramos y obtener más con menos esfuerzo.

La Trampa de Quererlo Todo.

El primer mono simboliza nuestro deseo de querer aprovechar todas las oportunidades que se nos presentan. Queremos estudiar, trabajar, desarrollar habilidades, cuidar de nuestros seres queridos y, al mismo tiempo, tener tiempo para nosotros mismos. Este deseo de abarcarlo todo no es malo en sí mismo, pero se convierte en una trampa cuando intentamos hacer todo a la vez, sin priorizar.

Cada vez que tratamos de atrapar todos los plátanos del árbol, nuestra energía se dispersa. Nos sentimos ocupados y en constante movimiento, pero al final del día, nos damos cuenta de que no hemos disfrutado ni aprovechado nada por completo. Este deseo de multiplicar nuestras experiencias y logros termina por dejarnos exhaustos, como el mono que salta de rama en rama sin poder disfrutar de un solo bocado.

El Mono Sabio y el Poder del Enfoque.

El segundo mono, en cambio, nos muestra una lección valiosa: el poder de enfocarse en una sola cosa a la vez. Al elegir un solo plátano y perseguirlo con determinación, este mono logra obtenerlo y disfrutarlo plenamente. No está preocupado por todos los plátanos que pudo haber atrapado, sino que se centra en el que tiene frente a él.

Esta actitud de enfoque nos permite saborear cada logro, por pequeño que sea, y sentirnos satisfechos con nuestros esfuerzos. En lugar de acumular tareas sin completarlas, el mono sabio se dedica a una sola y la culmina con éxito. De esta forma, puede disfrutar del fruto de su esfuerzo antes de pasar a la siguiente meta. En nuestra vida, esto significa dedicar nuestro tiempo y atención a un solo objetivo antes de pasar al siguiente, lo cual nos permite avanzar con mayor claridad y satisfacción.

Los Riesgos de Perseguir Demasiados Plátanos.

Perseguir todos los plátanos no solo nos deja cansados, sino que también nos expone a una serie de riesgos. Cuando nuestra atención está dividida entre demasiadas cosas, es fácil perder de vista lo que realmente importa. Nos encontramos atrapados en una lista interminable de tareas y compromisos, olvidando por qué empezamos en primer lugar.

Además, la constante búsqueda de más oportunidades puede llevarnos a sentir que nunca tenemos suficiente. Al igual que el mono que siempre ve otro plátano que atrapar, nuestra mente se vuelve adicta a la idea de "más". Más proyectos, más experiencias, más reconocimiento. Pero esta búsqueda constante nos deja insatisfechos, porque nunca llegamos a disfrutar plenamente de lo que ya tenemos.

La Paciencia del Mono Sabio.

El mono sabio nos enseña la importancia de la paciencia. Al concentrarse en un solo plátano, puede tomarse el tiempo necesario para alcanzarlo, sin preocuparse por lo que queda atrás. Esta paciencia es clave para lograr un progreso real y duradero. En lugar de intentar hacerlo todo a la vez y rendirse cuando las cosas no salen como esperamos, la paciencia nos permite perseverar y disfrutar del proceso.

Al enfocarnos en un solo objetivo, desarrollamos una resistencia mental que nos ayuda a enfrentar los desafíos con serenidad. Aprendemos que no es necesario correr detrás de cada oportunidad que se nos presenta, porque lo que verdaderamente vale la pena llega a su tiempo. Así, al igual que el mono sabio, encontramos satisfacción en cada paso del camino y nos damos permiso para disfrutar de los frutos de nuestro esfuerzo.

El Arte de Elegir: La Libertad de Decidir.

La historia de los dos monos también nos habla de la libertad de elegir. Al decidir qué plátano perseguir, el mono sabio no solo muestra paciencia, sino también una comprensión profunda de sus propias necesidades y deseos. Sabe que no necesita todos los plátanos para ser feliz, solo necesita elegir el que realmente quiere y disfrutarlo a su manera.

En nuestra vida, esta lección se traduce en la capacidad de elegir lo que verdaderamente nos importa. Cuando dejamos de lado la urgencia de hacer todo, descubrimos que somos libres para decidir en qué enfocarnos. Esta libertad nos permite vivir de manera más auténtica, alineada con nuestros valores y deseos, sin dejarnos arrastrar por las expectativas de los demás.

Conclusión: Convertirse en un Mono Sabio.

El "Camino del Mono Sabio" nos invita a reflexionar sobre cómo usamos nuestra energía y a cuestionar si realmente necesitamos abarcarlo todo. Al centrarnos en una cosa a la vez, recuperamos el control sobre nuestro tiempo, disfrutamos más de cada experiencia y logramos resultados más significativos. Dejamos de saltar de rama en rama y, en cambio, nos tomamos el tiempo para disfrutar de cada fruto que la vida nos ofrece.

La próxima vez que te enfrentes a la tentación de hacer mil cosas al mismo tiempo, recuerda la lección del mono sabio: enfócate en un solo plátano, persíguelo con paciencia y disfruta de cada bocado. Al hacerlo, descubrirás que la verdadera satisfacción no está en la cantidad de cosas que hacemos, sino en la calidad con la que las vivimos.

Capítulo 11:

Decisiones Diarias: Una a la vez.

La vida está llena de decisiones. Desde que nos levantamos hasta que nos acostamos, enfrentamos una serie de elecciones, algunas pequeñas y cotidianas, otras más complejas y trascendentales. Sin embargo, tomar decisiones no siempre es fácil, especialmente cuando sentimos la presión de querer resolverlo todo al mismo tiempo. La clave para tomar decisiones de manera más efectiva está en abordarlas de una en una, con calma y claridad.

Cuando tratamos de tomar muchas decisiones a la vez, caemos en la trampa de la sobrecarga mental. Nos sentimos abrumados por la cantidad de opciones y, a menudo, terminamos eligiendo por impulso o dejando nuestras decisiones para después. En cambio, si nos enfocamos en cada elección de forma aislada, podemos reflexionar mejor sobre nuestras opciones y tomar decisiones que se alineen con nuestros verdaderos deseos y necesidades.

El Efecto de la Fatiga Decisional.

A lo largo del día, cada vez que tomamos una decisión, consumimos una parte de nuestra energía mental. Esto es lo que los expertos llaman "fatiga decisional". Es la razón por la cual, después de tomar muchas decisiones, incluso las más simples pueden parecer desafiantes. Es por eso que, hacia el final del día, elegir qué cenar puede resultar más complicado de lo esperado, aunque hayamos resuelto asuntos más importantes antes.

La fatiga decisional nos lleva a elegir opciones rápidas y cómodas, en lugar de las que son realmente las mejores para nosotros. Pero, al reducir el número de decisiones que tomamos al mismo tiempo, conservamos nuestra energía mental para las elecciones que verdaderamente importan. De esta manera, cada decisión que tomamos se vuelve más consciente y deliberada.

Estrategias para Decidir con Claridad.

La mejor forma de evitar la fatiga decisional es simplificar el proceso y tomar una decisión a la vez. Aquí hay algunas estrategias que pueden ayudarte a hacerlo:

1. **Prioriza tus decisiones**: No todas las decisiones tienen el mismo peso. Algunas, como qué comer para el almuerzo, no requieren tanta reflexión como elegir un proyecto importante. Identificar cuáles son tus decisiones más importantes del día y abordarlas primero, cuando tu energía está en su punto más alto, puede marcar una gran diferencia.

2. **Establece rutinas**: Automatizar algunas elecciones diarias, como la ropa que usas o el horario para ciertas actividades, puede reducir la cantidad de decisiones que necesitas tomar. Esto libera espacio mental para enfocarte en lo que realmente importa. Las rutinas no son una limitación, sino una herramienta para liberar energía y tomar decisiones de forma más consciente.

3. **Céntrate en una sola decisión a la vez**: Cuando enfrentes varias opciones, respira y elige solo una para analizar. Dedica unos minutos a reflexionar sobre los pros y contras de esa decisión antes de pasar a la siguiente. Esto no solo te ayuda a evitar la sensación de agobio, sino que también mejora la calidad de tus elecciones.

4. **Despréndete del perfeccionismo**: Muchas veces, la dificultad para tomar decisiones viene de la búsqueda de la opción perfecta. Sin embargo, ninguna decisión es infalible. Aceptar que hay margen para el error y que siempre se puede ajustar el rumbo más adelante nos permite avanzar con más libertad. Recuerda, una decisión imperfecta tomada a tiempo es mejor que la indecisión prolongada.

El Poder de Decidir con Intención.

Cuando abordamos cada decisión con intención, dejamos de ser víctimas de las circunstancias y tomamos el control de nuestra vida. Cada elección, por pequeña que sea, se convierte en una oportunidad para construir el camino que deseamos. Decidir con intención significa preguntarnos: "¿Esto me acerca a lo que quiero?" antes de tomar cualquier acción.

La intención nos permite alinear nuestras decisiones con nuestros valores y metas. Nos ayuda a filtrar las distracciones y a enfocarnos en lo que realmente nos hace sentir plenos. Así, en lugar de dejar que las decisiones se acumulen hasta que nos sentimos agobiados, las enfrentamos una a una, con la tranquilidad de saber que estamos avanzando en la dirección correcta.

Evitar la Parálisis por Análisis.

Uno de los mayores enemigos de la toma de decisiones es la parálisis por análisis. Cuando tratamos de considerar cada detalle y evaluar todas las posibles consecuencias de una elección, terminamos postergando la decisión indefinidamente. La parálisis por análisis nos deja atrapados en la indecisión, y esto nos impide avanzar.

Para evitar caer en esta trampa, es útil establecer un límite de tiempo para cada decisión. Pregúntate: "¿Cuánto tiempo necesito realmente para tomar esta decisión?" y respétalo. Esto no solo evita que dediques demasiado tiempo a cada elección, sino que también te obliga a confiar más en tu intuición y en la experiencia que ya tienes.

La Confianza en las Decisiones Propias.

A medida que practicamos el arte de tomar decisiones una a la vez, comenzamos a desarrollar una mayor confianza en nuestras propias elecciones. La confianza no viene de siempre acertar, sino de saber que somos capaces de enfrentar las consecuencias de nuestras decisiones, sean buenas o malas. Confiar en nosotros mismos nos permite avanzar con menos dudas y más determinación.

Esta confianza se construye poco a poco, con cada decisión que tomamos de manera consciente. A medida que vemos cómo nuestras elecciones nos acercan a nuestras metas, ganamos la seguridad de que, sin importar lo que pase, estamos avanzando en el camino correcto. Esto nos da la tranquilidad de saber que, aunque no siempre sepamos qué decisión es la mejor, tenemos la capacidad de adaptarnos y aprender en el proceso.

Conclusión: El Poder de la Simplicidad.

La vida puede ser tan sencilla o tan complicada como la manera en la que tomamos nuestras decisiones. Al enfocarnos en una a la vez, nos liberamos de la presión de hacerlo todo de una sola vez y comenzamos a disfrutar del proceso de elegir. En lugar de sentirnos abrumados por todas las opciones, aprendemos a apreciar la libertad que viene con cada elección que hacemos.

Decidir con calma y conciencia nos permite vivir con más ligereza, y nos recuerda que, en el fondo, la vida no se trata de tomar todas las decisiones correctas, sino de avanzar paso a paso, con la confianza de que cada elección nos acerca a la vida que deseamos construir.

Capítulo 12:

La Belleza del Proceso.

Vivimos en un mundo obsesionado con los resultados. La mayoría de las veces, cuando emprendemos una tarea, lo hacemos con la mente puesta en la meta final, en la satisfacción de alcanzar un objetivo o en el reconocimiento que podría traer. Sin embargo, al centrarnos únicamente en lo que queremos lograr, nos perdemos la verdadera esencia de cada acción: el proceso. Hay una belleza escondida en el acto de hacer una sola cosa a la vez, en entregarse por completo a cada momento, sin preocuparse por lo que viene después.

Disfrutar del proceso es un arte, uno que requiere paciencia y un cambio de perspectiva. En lugar de ver cada paso como un medio para llegar a un fin, podemos aprender a apreciarlo como un fin en sí mismo. Al hacerlo, descubrimos que la verdadera satisfacción no siempre se encuentra al final del camino, sino en cada pequeño avance, en cada gesto que forma parte de ese trayecto.

Redescubrir el Momento Presente.

Cuando nos concentramos en una sola tarea, nos damos la oportunidad de estar plenamente presentes. Ya no nos preocupa lo que sucederá después o cómo se verá el resultado final; simplemente nos sumergimos en la experiencia de lo que estamos haciendo. Esto nos conecta con el presente de una manera que pocas cosas logran.

Imagina a un jardinero que, en lugar de pensar solo en cómo lucirá su jardín cuando las flores florezcan, se permite disfrutar de cada paso: la sensación de la tierra entre sus manos, el sonido del agua al regar, el aroma de las plantas al crecer. El disfrute no está en la espera del resultado final, sino en la alegría de cada acción, en el simple acto de cuidar de algo con dedicación.

La Paz de Hacer Una Cosa a la Vez.

El proceso de enfocarse en una sola cosa también nos brinda paz. Al hacer una tarea sin pensar en lo que viene después, liberamos nuestra mente del estrés de lo que "aún falta por hacer". Es como un suspiro de alivio en medio de la agitación diaria. Es entregarnos a la experiencia de cada tarea sin la carga de una lista interminable de pendientes.

Por ejemplo, al cocinar una comida con atención, sin pensar en las actividades que vendrán después, podemos disfrutar los aromas, los colores, el ritmo de los movimientos. Cada detalle se convierte en un pequeño placer que pasa desapercibido cuando nuestra mente está dispersa. Así, hacer una sola cosa a la vez se convierte en un refugio, un espacio donde el tiempo parece detenerse y nos sentimos más presentes, más vivos.

La Transformación del Trabajo en Arte.

Cuando nos entregamos completamente al proceso, cualquier tarea puede convertirse en una forma de arte. Es la diferencia entre un pintor que busca solo terminar un cuadro y otro que disfruta cada pincelada, que se pierde en la textura de los colores y la fluidez de su trazo. La obra final puede ser la misma, pero la experiencia de crearla es profundamente diferente.

Lo mismo ocurre en nuestras vidas diarias. Un escritor que disfruta de cada palabra que escribe, un corredor que se deleita con cada paso, un carpintero que encuentra satisfacción en el sonido de la madera al ser tallada. Cuando nos centramos en el proceso, descubrimos que no solo se trata de llegar a la meta, sino de cómo caminamos hacia ella.

Esta actitud nos permite ver que hay belleza en los detalles que antes pasaban desapercibidos. Nos hace conscientes de que cada momento tiene un valor por sí mismo y que no necesitamos estar siempre corriendo hacia el futuro para encontrar satisfacción. A veces, la plenitud se encuentra en lo más simple, en lo cotidiano.

Soltar la Ansiedad del Futuro.

Uno de los mayores desafíos para disfrutar del proceso es la ansiedad que surge al pensar en el futuro. Nos preocupamos por si nuestros esfuerzos darán frutos, si alcanzaremos nuestras metas, si todo saldrá como esperamos. Pero la preocupación constante por lo que viene después nos impide disfrutar lo que estamos haciendo ahora.

La clave está en confiar en que el futuro llegará cuando deba llegar, y en que cada paso que damos es suficiente en este momento. Al soltar la necesidad de controlar cada detalle del resultado final, ganamos la libertad de concentrarnos en el presente, en la única parte del tiempo que realmente podemos experimentar. Así, cada tarea se convierte en un espacio de exploración y descubrimiento, en lugar de ser solo un peldaño hacia lo que sigue.

Cultivar la Paciencia en el Proceso.

Aprender a disfrutar del proceso requiere cultivar la paciencia, no solo con los resultados, sino con nosotros mismos. Aceptar que cada cosa lleva su tiempo, que no siempre todo saldrá perfecto desde el principio, y que el aprendizaje forma parte del camino. Esta actitud nos ayuda a liberar la presión de hacer todo bien a la primera y nos permite avanzar con más serenidad.

La paciencia nos enseña a aceptar nuestros propios ritmos y a disfrutar de los pequeños avances que logramos día a día. Nos muestra que la verdadera satisfacción no proviene solo de alcanzar nuestras metas, sino de crecer y aprender mientras nos acercamos a ellas. Al enfocarnos en el proceso, cada pequeño progreso se convierte en un motivo de celebración, y cada error, en una oportunidad para aprender.

Un Viaje, No un Destino.

En última instancia, la vida misma es un proceso. Cada día que vivimos, cada decisión que tomamos, cada relación que cultivamos, forma parte de un viaje continuo. Al aprender a disfrutar de cada paso, nos liberamos de la necesidad de llegar a un destino específico y comenzamos a vivir con más ligereza y alegría.

Nos damos cuenta de que no hay una carrera que ganar, solo un camino que recorrer. Y en ese camino, cada momento cuenta, cada experiencia nos enriquece, cada acción, por pequeña que sea, tiene un valor. De este modo, vivir se convierte en un arte, en una serie de instantes que nos permiten descubrir la belleza de estar presentes en cada cosa que hacemos.

Conclusión: La Belleza del Aquí y el Ahora.

Disfrutar del proceso nos permite conectar con la vida de una manera más profunda y auténtica. Nos enseña que, a veces, la verdadera recompensa no está en el destino, sino en el viaje. En lugar de correr hacia el futuro, nos invita a detenernos y a apreciar cada paso que damos.

La próxima vez que emprendas una tarea, haz el intento de enfocarte solo en ella. Siente la satisfacción de cada pequeño logro, de cada momento en que te entregas por completo a lo que haces. Descubrirás que hay una belleza especial en vivir con intención, en saborear cada instante sin preocuparte por lo que vendrá después. Y en ese descubrimiento, encontrarás una nueva manera de ver la vida, una que te permitirá disfrutar más y preocuparte menos.

Capítulo 13:

El Silencio del Enfoque.

En un mundo lleno de ruidos, distracciones y demandas constantes, el silencio se ha convertido en un lujo. Vivimos rodeados de notificaciones, tareas urgentes y voces que compiten por nuestra atención, y en medio de ese caos, la mente se vuelve un torbellino. Sin embargo, hay un tipo de silencio que no se encuentra en la ausencia de sonido, sino en la calma interna que surge cuando nos dedicamos por completo a una sola tarea. Es el silencio del enfoque, una quietud que nos envuelve cuando estamos totalmente presentes en lo que hacemos.

Este silencio tiene un poder transformador. Nos libera de la ansiedad que provoca pensar en mil cosas a la vez, de la preocupación por lo que está pendiente, de la presión de ser productivos a cada segundo. Es un estado en el que la mente se aquieta, las distracciones se desvanecen y solo existe el momento presente. Al entrar en este espacio de enfoque profundo, encontramos una paz que no se puede lograr de ninguna otra manera.

El Silencio Interno que Surge del Enfoque.

Cuando nos concentramos en una sola tarea, nuestra mente se alinea con nuestro cuerpo, y ambos trabajan al unísono. Esto crea una sensación de fluidez y serenidad, como si todo se moviera con un ritmo natural. Es una sensación que muchos comparan con la meditación, pero aplicada a la vida cotidiana: no es necesario cerrar los ojos ni sentarse en silencio absoluto; basta con estar completamente presente en lo que estamos haciendo.

Este estado de concentración nos permite escapar del ruido mental, de las preocupaciones sobre el pasado y las ansiedades sobre el futuro. En su lugar, encontramos un silencio que nos permite disfrutar de la actividad que tenemos entre manos, ya sea escribir, cocinar, leer o simplemente caminar. Es como si todo lo demás dejara de importar, y solo quedara la conexión entre nosotros y la tarea que hemos elegido.

La Paz de Hacer Menos.

El silencio del enfoque también nos enseña una lección esencial: no necesitamos hacer de todo para sentirnos realizados. De hecho, al reducir nuestras tareas y compromisos, al enfocarnos en menos cosas, obtenemos más claridad y, paradójicamente, más paz. Es una liberación descubrir que no necesitamos multiplicar nuestras actividades para sentir que avanzamos, sino que, al hacer menos, podemos hacer más.

Esto no significa abandonar nuestros sueños o metas, sino aprender a priorizar lo que realmente importa y dedicarle nuestra energía de manera plena. En lugar de dispersar nuestra atención en múltiples direcciones, nos concentramos en lo esencial, en aquello que nos aporta valor y sentido. De esta forma, cada día se vuelve menos abrumador y más significativo, porque cada acción que realizamos está impregnada de intención.

El Silencio como Refugio.

En medio de la agitación diaria, encontrar un espacio de enfoque profundo se convierte en un refugio. Es un momento de respiro donde el tiempo parece detenerse y nuestra mente deja de saltar de un pensamiento a otro. Este silencio no es un vacío, sino una presencia plena, una sensación de estar completamente ahí, en ese instante, sin ser arrastrados por las preocupaciones externas.

Al entrar en este estado de silencio, nos damos cuenta de que la verdadera productividad no consiste en hacer muchas cosas, sino en hacer una sola cosa bien. La calidad de nuestro trabajo mejora, nuestro bienestar mental se fortalece y nos sentimos más en paz con nosotros mismos. El enfoque se convierte en una forma de autocuidado, en una manera de protegernos de la sobrecarga y la fatiga que provienen de tratar de abarcarlo todo.

Cultivar el Silencio en el Día a Día.

Cultivar el silencio del enfoque no es algo que se logre de la noche a la mañana; requiere práctica y un cambio de actitud hacia nuestras actividades diarias. Una forma de comenzar es estableciendo rituales de enfoque, pequeños momentos en los que decidimos desconectarnos de las distracciones y dedicarnos plenamente a una sola tarea.

Puede ser tan simple como apagar las notificaciones del teléfono durante unos minutos, dedicar un tiempo específico para leer sin interrupciones o simplemente sentarse a escribir en un cuaderno. Estos momentos nos enseñan a apreciar la calma que surge cuando le damos a nuestra mente el espacio para concentrarse, para entrar en ese estado de silencio interno donde todo se vuelve más claro y menos urgente.

Los Beneficios del Silencio del Enfoque.

Los beneficios de este enfoque silencioso no tardan en manifestarse. A nivel emocional, nos sentimos más tranquilos, menos estresados y más satisfechos con nuestras acciones. A nivel mental, logramos una mayor claridad y una mejor capacidad para resolver problemas, ya que no estamos constantemente saltando de una cosa a otra. Y a nivel físico, nos sentimos más relajados, ya que el cuerpo también responde a la calma de la mente.

Este estado de enfoque también nos ayuda a disfrutar más de la vida. Al estar plenamente presentes, cada experiencia se vuelve más rica, más intensa, más real. Sentimos el sabor de cada bocado, la calidez del sol en la piel, la textura de las palabras que escribimos. Todo adquiere una nueva profundidad cuando estamos realmente ahí, en el momento, sin la distracción de lo que viene después.

Conclusión: El Silencio que Nos Conecta.

El silencio del enfoque no es solo un antídoto para la sobrecarga, sino una forma de conectarnos más profundamente con la vida. Nos enseña que, al dedicar nuestra atención a una sola cosa, podemos encontrar una paz que trasciende las preocupaciones y las demandas externas. Es una invitación a vivir con más calma, con más propósito, y a descubrir que, en la simplicidad de estar presentes, encontramos una belleza que el ruido constante nos había ocultado.

La próxima vez que te enfrentes a una tarea, permite que tu mente se calme y se concentre solo en eso. Deja que el silencio del enfoque te envuelva y disfruta de la tranquilidad que trae. Descubrirás que, en ese estado, cada cosa que haces cobra un nuevo significado, y que la paz que tanto buscas ya está ahí, esperando a que te detengas y la escuches.

UNA COSA O MIL COSAS

Capítulo 14:

La Historia del Guerrero y la Flecha.

En un tiempo antiguo, en una tierra lejana donde las montañas tocaban el cielo y los ríos corrían como serpientes de plata, vivía un guerrero conocido por su destreza y valentía. Se decía que, a diferencia de otros guerreros que cargaban alforjas llenas de flechas, él solo llevaba una en su carcaj. Aquellos que lo veían partir a la batalla con tan solo una flecha solían burlarse de él, preguntándole qué haría cuando se le agotara. Pero el guerrero, sereno y seguro, siempre respondía lo mismo: "Una flecha es suficiente cuando se sabe a dónde apuntar".

Los reyes y los generales lo observaban con incredulidad, incapaces de entender cómo podía enfrentar desafíos tan grandes con tan poco. Pero, cuando las batallas llegaban, el guerrero demostraba que no era la cantidad de flechas lo que determinaba el resultado, sino la precisión y la claridad de su objetivo. A través de los años, su fama creció, y su historia se convirtió en una leyenda, una metáfora viviente de la importancia de concentrarse en una sola cosa para lograr grandes resultados.

El Secreto del Guerrero.

Un día, un joven aprendiz, fascinado por su historia, se acercó al guerrero para pedirle que le revelara su secreto. "Maestro", dijo el joven, "¿cómo es posible que con solo una flecha hayas logrado lo que otros no pueden con un centenar?".

El guerrero lo miró con una sonrisa tranquila y le pidió que tomara una flecha de su carcaj. Luego, señaló un árbol a lo lejos, en la ladera de una montaña, y le pidió al joven que lo golpeara con la flecha. El aprendiz, lleno de entusiasmo, sacó una flecha, tensó el arco y disparó... pero la flecha se desvió antes de llegar a su objetivo.

"Inténtalo de nuevo", le dijo el guerrero. El joven disparó otra vez, pero la flecha cayó antes de alcanzar el árbol. Así siguió durante horas, gastando flechas una tras otra, cada vez más frustrado. Finalmente, cuando su aljaba quedó vacía, se dejó caer al suelo, exhausto y abatido.

El guerrero se acercó, tomó la única flecha de su propio carcaj, tensó el arco con calma y disparó. La flecha surcó el aire, rápida y precisa, y golpeó el tronco del árbol justo en el centro. El joven, asombrado, preguntó cómo lo había hecho.

"Cuando disparas con muchas flechas", le dijo el guerrero, "cada una lleva consigo una parte de tu atención, de tu energía. Pero cuando solo tienes una, toda tu concentración se enfoca en hacer que esa única oportunidad cuente. No es la cantidad de intentos lo que te acerca a tu objetivo, sino la calidad de tu enfoque en cada uno de ellos".

El Poder de Enfocarse en un Solo Objetivo.

La historia del guerrero y su flecha nos enseña una verdad que muchos hemos olvidado en nuestra prisa por hacer de todo: que cuando nos concentramos plenamente en un solo objetivo, nuestra energía se alinea y el camino se vuelve más claro. Es fácil perderse en la idea de que, cuantas más cosas intentemos, más probabilidades tendremos de acertar. Pero, al igual que el joven aprendiz, terminamos agotados y dispersos, sin lograr que ninguna de nuestras "flechas" alcance su objetivo.

La mente es como un arco, y nuestras ideas y esfuerzos son las flechas. Si tensamos el arco con demasiadas flechas al mismo tiempo, ninguna alcanza su destino con precisión. Pero si nos tomamos el tiempo de escoger una sola, de tensar el arco con cuidado, y de apuntar con atención, el impacto será mucho mayor.

El guerrero sabía que la paciencia, la claridad y la concentración eran más poderosas que la prisa y la dispersión. Al centrarse en un solo disparo, podía canalizar toda su destreza y determinación, sabiendo que esa única flecha bastaría para lograr lo que se proponía.

La Flecha y Nuestras Metas.

En la vida, a menudo enfrentamos el mismo dilema que el joven aprendiz. Nos sentimos tentados a intentar muchas cosas a la vez, a seguir múltiples caminos con la esperanza de que uno de ellos nos lleve al éxito. Pero la historia del guerrero nos invita a reflexionar sobre la posibilidad de que, en lugar de dispersar nuestra energía en mil direcciones, quizás sea mejor elegir un solo objetivo, una única "flecha", y dedicarle nuestra mejor atención.

No se trata de renunciar a nuestras ambiciones, sino de ser estratégicos. Al igual que el guerrero, podemos lograr grandes cosas cuando dejamos de disparar al azar y nos enfocamos en lo que realmente importa. La verdadera maestría consiste en reconocer qué es lo esencial para nosotros, apuntar hacia ello, y poner todo nuestro empeño en alcanzarlo.

La Paz de Saber a Dónde Apuntar.

La historia del guerrero y la flecha también nos habla de la tranquilidad que surge cuando sabemos a dónde queremos llegar. Al reducir nuestras opciones y centrarnos en un solo camino, dejamos de preocuparnos por lo que podría haber sido y nos enfocamos en lo que estamos construyendo. La incertidumbre se disipa, y en su lugar, aparece la certeza de que cada paso, cada esfuerzo, nos acerca un poco más a nuestro objetivo.

Así, el guerrero no solo nos enseña a ser efectivos, sino también a encontrar paz en nuestras elecciones. Nos muestra que, al concentrarnos en una sola cosa, podemos alcanzar un estado de calma interna, donde la duda y la ansiedad pierden fuerza.

Conclusión: La Flecha que Cambia Todo.

La historia del guerrero y su flecha nos recuerda que no necesitamos una infinidad de recursos para alcanzar nuestros sueños, sino la capacidad de concentrar nuestra energía en lo que verdaderamente importa. La próxima vez que te enfrentes a una decisión, piensa en la lección del guerrero. Pregúntate cuál es la flecha que realmente vale la pena disparar y dedica tu atención a hacer que ese disparo sea el mejor.

Al hacerlo, descubrirás que, al igual que el guerrero, una sola flecha bien dirigida puede cambiarlo todo.

Capítulo 15:

Aprender a Decir No.

En una época donde todo parece urgente y las oportunidades abundan, decir "no" puede parecer una contradicción. ¿Por qué rechazar algo que podría ser una oportunidad, una experiencia nueva o un favor que otro necesita? Sin embargo, aprender a decir no es una de las habilidades más valiosas que podemos desarrollar, y es fundamental para mantener nuestro enfoque y energía.

El Poder del No.

Decir no no es un acto de egoísmo, sino de claridad y autoconocimiento. Cuando nos llenamos de compromisos y responsabilidades que no son esenciales para nuestros verdaderos objetivos, nuestra energía se diluye. Nos convertimos en aquello que otros esperan de nosotros, en lugar de lo que realmente queremos ser. Cada vez que decimos sí a algo que no nos aporta, estamos, sin darnos cuenta, diciendo no a algo más importante para nosotros mismos.

El poder de decir no radica en la capacidad de proteger nuestro tiempo y nuestra atención. Nos permite mantenernos enfocados en lo que realmente importa, evitando que nuestras prioridades se vean desplazadas por las de otros. Esto no significa rechazar todas las propuestas o invitaciones, sino saber distinguir cuáles suman a nuestra vida y cuáles solo nos distraen.

El Arte de Elegir.

Imagina que tu vida es un jardín. Cada compromiso, cada tarea, cada favor que aceptas es como una planta que decides sembrar en ese jardín. Si plantas demasiadas cosas, pronto el jardín estará lleno de maleza, y las flores que realmente querías ver crecer quedarán sofocadas. Decir no es como eliminar las malas hierbas: permite que lo importante tenga espacio para florecer.

Aprender a decir no es, en esencia, un acto de elegir. Elegir aquello que nos nutre, que nos impulsa hacia nuestros objetivos, y dejar de lado aquello que, aunque parezca atractivo, no contribuye a nuestro propósito. En lugar de ver el no como una renuncia, podemos verlo como una afirmación de lo que realmente valoramos.

La Trampa de los Compromisos Innecesarios.

Una de las razones por las que nos cuesta decir no es el miedo a decepcionar a otros o a pernos de algo. Queremos ser amables, estar presentes y no dejar pasar oportunidades. Pero, en ese intento de agradar y abarcarlo todo, nos agotamos y perdemos de vista lo que realmente es significativo para nosotros.

Comprometernos en exceso es como cargar una mochila cada vez más pesada. Al principio, no notamos el peso extra, pero con el tiempo, nos sentimos abrumados y agotados, incapaces de avanzar con la ligereza que teníamos antes. Aprender a decir no es como aligerar esa mochila: nos libera de cargas innecesarias y nos permite caminar con más ligereza y determinación hacia nuestros verdaderos objetivos.

Cómo Decir No con Asertividad.

Decir no no tiene que ser brusco ni hiriente. De hecho, cuando se hace de manera asertiva, puede ser una expresión de respeto tanto hacia nosotros mismos como hacia los demás. Aquí algunos consejos para decir no de manera efectiva:

1. **Sé claro y directo**: No es necesario dar largas explicaciones. Un "no, gracias" puede ser suficiente.

2. **Valora tu tiempo**: Reconoce que tu tiempo es valioso y que cada vez que lo entregas a algo, estás eligiendo no invertirlo en otra cosa.

3. **Ofrece alternativas**: Si te cuesta decir no, puedes sugerir otra forma de ayudar o participar que no comprometa tu enfoque.

4. **Recuerda tus prioridades**: Mantén claras tus metas y pregúntate si este compromiso te acerca o te aleja de ellas.

Cuando aprendes a decir no con confianza, descubres que la mayoría de las personas entienden y respetan tus límites. Y lo más importante, empiezas a darte cuenta de que tus días tienen más espacio para lo que realmente te llena y te hace avanzar.

El No como una Herramienta de Libertad.

En una cultura que valora la productividad y la ocupación, decir no puede parecer un acto de rebeldía. Sin embargo, es también una forma de recuperar nuestra libertad. Nos libera de las expectativas ajenas y nos permite diseñar una vida que se alinea con nuestros valores y deseos más profundos.

Cada vez que decimos no a una distracción, a un compromiso innecesario, estamos diciendo sí a nosotros mismos. Sí a nuestros sueños, sí a nuestro bienestar, sí a la posibilidad de vivir de manera más auténtica y plena. Nos damos la oportunidad de enfocarnos en lo que verdaderamente importa y de hacer espacio para lo que nos hace crecer.

Conclusión: Decir No para Decir Sí.

Aprender a decir no no es cerrar puertas, sino abrir aquellas que conducen a lo que realmente queremos. Es reconocer que no podemos hacerlo todo, y que está bien priorizar lo que nos hace sentir vivos y en paz. A medida que practiques el arte de decir no, descubrirás que tu vida se vuelve más ligera, que tu energía se concentra en lo esencial, y que encuentras más tiempo para las cosas que realmente importan.

En el fondo, decir no es un acto de amor propio. Es afirmar que tu tiempo y tu energía son preciosos, y que merecen ser invertidos en lo que realmente te acerca a tu mejor versión. Al igual que el guerrero que elige una sola flecha, nosotros también podemos elegir a qué le dedicamos nuestra atención. Y al hacerlo, descubrimos que el poder de una vida plena reside no en lo que acumulamos, sino en lo que decidimos dejar ir.

Capítulo 16:

La Productividad del Menos.

En un mundo que nos impulsa constantemente a hacer más, es fácil caer en la trampa de medir la productividad por la cantidad de tareas que completamos en un día. Sin embargo, ser verdaderamente productivo no tiene que ver con hacer más, sino con hacer mejor. La clave de la productividad no está en abarcar más, sino en reducir y enfocarse en lo esencial, lo que realmente marca la diferencia.

La Ilusión de la Ocupación.

Estar ocupado no es lo mismo que ser productivo. Muchos de nosotros pasamos los días corriendo de una tarea a otra, tachando cosas de listas interminables, pero al final del día, nos sentimos agotados y con la sensación de que no hemos logrado nada significativo. La razón es que, en lugar de concentrarnos en lo que realmente importa, llenamos nuestras horas con pequeñas tareas que nos mantienen ocupados, pero no nos llevan hacia nuestras metas más grandes.

Reducir la cantidad de tareas nos obliga a replantearnos qué es lo esencial. Nos permite identificar esas pocas actividades que realmente tienen un impacto y nos liberan de la presión de hacer de todo. Al disminuir la cantidad de cosas que intentamos hacer, podemos dedicar más tiempo y energía a aquellas que importan de verdad, logrando así resultados más profundos y duraderos.

Calidad sobre Cantidad.

La productividad basada en el "menos" se enfoca en la calidad sobre la cantidad. Esto significa que, en lugar de tratar de hacer muchas cosas a la vez, nos centramos en hacer menos tareas, pero con mayor dedicación, atención y excelencia. Al limitar nuestras actividades, nos damos el espacio mental para profundizar en ellas y ejecutarlas con un nivel de maestría que no sería posible si intentáramos hacer demasiado.

La calidad en el trabajo no solo aumenta nuestra satisfacción personal, sino que también tiene un impacto en cómo se percibe el valor de lo que hacemos. Los resultados de un trabajo bien hecho hablan por sí mismos, y nos permiten avanzar de manera más consistente hacia nuestros objetivos.

Menos Tareas, Mayor Enfoque.

Cuando reducimos el número de tareas, eliminamos el ruido y ganamos claridad sobre lo que realmente importa. Este enfoque nos permite ser más intencionales con nuestro tiempo, dedicando nuestras horas más productivas a las actividades que verdaderamente generan impacto. Al hacer menos, dejamos de dividir nuestra atención en múltiples frentes y, en cambio, la dirigimos hacia lo que nos acerca a nuestras metas con mayor rapidez y precisión.

La dispersión mental es el enemigo de la productividad. Al intentar hacer muchas cosas, nuestra mente salta de una tarea a otra sin nunca llegar a concentrarse completamente. Pero al reducir el número de cosas que intentamos hacer en un día, nuestra mente puede enfocarse por completo en una sola tarea, alcanzando un estado de mayor claridad y eficiencia.

La Regla del 80/20.

El principio de Pareto, también conocido como la regla del 80/20, afirma que el 80% de nuestros resultados proviene del

20% de nuestras acciones. En términos de productividad, esto significa que solo una pequeña parte de lo que hacemos genera la mayoría de nuestros logros. Identificar esas tareas que realmente importan y enfocarnos en ellas es la clave para alcanzar más haciendo menos.

Cuando aplicamos la regla del 80/20, aprendemos a priorizar. Nos volvemos más conscientes de cuáles son las tareas esenciales y cuáles son las que podemos eliminar o delegar. Al centrarnos en ese 20% de actividades que producen el mayor impacto, liberamos tiempo y energía para dedicarnos a lo que de verdad nos impulsa hacia adelante.

Los Beneficios de Simplificar.

Reducir la cantidad de tareas no solo nos hace más productivos, sino que también nos ofrece una sensación de bienestar. La sobrecarga de actividades genera estrés, ansiedad y agotamiento, mientras que un enfoque más simple y enfocado nos permite trabajar con mayor calma y claridad. Cuando eliminamos lo innecesario, dejamos espacio para lo que realmente importa, no solo en términos de productividad, sino también en términos de calidad de vida.

La simplificación también nos enseña a valorar más el tiempo. Al aprender a decir no a las tareas triviales, recuperamos nuestra capacidad de elegir cómo queremos vivir nuestros días. Esta elección nos permite avanzar con mayor intencionalidad y disfrutar del proceso, en lugar de sentirnos arrastrados por un mar de obligaciones.

Conclusión: Menos es Más.

La productividad verdadera no se mide por la cantidad de tareas que podemos realizar en un día, sino por la calidad y el impacto de esas tareas. Al reducir nuestras listas de tareas y centrarnos en lo esencial, nos volvemos más eficientes y logramos más en menos tiempo. La clave está en aprender a priorizar, simplificar y dedicar nuestras energías a aquello que realmente importa.

El poder de la productividad del menos radica en su simplicidad. En lugar de complicarnos con mil cosas, podemos reducir nuestra carga y hacer espacio para lo que realmente tiene valor. Al hacerlo, descubrimos que menos es más, no solo en términos de productividad, sino también en términos de satisfacción personal y bienestar.

Capítulo 17:

El Poder del Momento Presente.

Vivimos en una era donde es fácil estar desconectados del presente. Nuestras mentes están constantemente saltando entre el pasado y el futuro, preocupándonos por lo que ya pasó o anticipando lo que está por venir. Pero en medio de esta dispersión, hay una verdad sencilla pero poderosa: el único momento que realmente tenemos es el presente. Y cuando aprendemos a estar completamente en él, descubrimos una fuente inagotable de paz, enfoque y productividad.

Mindfulness: La Puerta al Ahora.

El mindfulness, o atención plena, es la práctica de estar completamente presente en el momento actual. En lugar de dejarnos llevar por pensamientos y distracciones, el mindfulness nos enseña a prestar atención a lo que estamos haciendo en este preciso instante, con toda nuestra atención y sin juzgar.

Esta conexión con el momento presente es la clave para enfocarnos en una sola cosa a la vez. Cuando practicamos el mindfulness, nuestras acciones dejan de ser automáticas y comenzamos a vivir con mayor intención. Nos damos cuenta de los detalles, de las sensaciones y de la profundidad de cada tarea. Este enfoque no solo mejora nuestro rendimiento, sino que también nos permite disfrutar de cada actividad con mayor plenitud.

El Enfoque Profundo.

El mindfulness es el aliado natural del enfoque. Cuando estamos plenamente presentes, nuestra mente no está ocupada con lo que sucedió ayer o lo que podría suceder mañana. En cambio, está concentrada completamente en lo que tenemos entre manos. Este nivel de concentración nos permite trabajar de manera más eficiente y con mayor claridad mental.

Estar presentes en el momento también significa que estamos más abiertos a la creatividad y a las soluciones. Cuando nuestra atención no está fragmentada, somos capaces de ver las cosas desde una perspectiva más amplia, lo que nos permite encontrar nuevas formas de abordar problemas y tareas.

La Paz de Estar Aquí y Ahora.

El momento presente es el único lugar donde podemos encontrar verdadera paz. Las preocupaciones, el estrés y la ansiedad suelen surgir cuando nos perdemos en pensamientos sobre lo que podría pasar o lo que ya sucedió. Pero cuando traemos nuestra atención al presente, esos pensamientos pierden su poder, y lo único que queda es la calma de estar aquí y ahora.

Este estado de calma es esencial para lograr un enfoque profundo y sostenido. Cuando estamos en paz, nuestra mente deja de saltar de una cosa a otra y se asienta en la tarea que tenemos ante nosotros. Esta quietud mental no solo nos permite hacer un mejor trabajo, sino que también mejora nuestra calidad de vida, ya que dejamos de sentirnos abrumados por la multitud de pensamientos y preocupaciones.

Los Beneficios del Mindfulness en la Productividad.

Practicar mindfulness no solo nos hace sentir mejor emocionalmente, sino que también tiene un impacto directo en nuestra productividad. Cuando estamos presentes, cometemos menos errores, tomamos decisiones más acertadas y trabajamos de manera más eficiente. La calidad de nuestro trabajo mejora, y lo hacemos en menos tiempo, porque estamos completamente concentrados en lo que estamos haciendo.

Además, el mindfulness nos ayuda a manejar el estrés de manera más efectiva. Al estar presentes, somos más conscientes de nuestras emociones y de cómo nos afectan. Esto nos permite tomar medidas para evitar el agotamiento y mantener un equilibrio saludable entre el trabajo y la vida personal.

Cómo Practicar el Mindfulness.

El mindfulness es una práctica que puede integrarse en nuestra vida diaria de manera sencilla. No se trata de hacer algo complicado o fuera de lo común, sino de prestar atención a lo que estamos haciendo en cada momento. Aquí hay algunas maneras de comenzar a practicar el mindfulness en tu día a día:

- **Respira conscientemente**: La respiración es una de las formas más simples de anclarte en el presente. Tómate unos momentos para concentrarte en tu respiración, sintiendo cómo el aire entra y sale de tu cuerpo. Esto te ayuda a calmar la mente y atraer tu atención al momento actual.

- **Enfócate en una tarea a la vez:** Cuando estés trabajando en algo, trata de concentrarte solo en esa tarea. Si tu mente empieza a divagar, vuelve suavemente al presente, recordándote que lo único que importa es lo que estás haciendo ahora.

- **Escucha con atención plena:** Cuando estés conversando con alguien, en lugar de pensar en lo que vas a decir después, enfócate en escuchar activamente. Esto no solo mejora tus relaciones, sino que también te mantiene presente.

- **Haz pausas conscientes:** A lo largo del día, toma breves pausas para reconectar contigo mismo y con el presente. Puede ser simplemente levantarte de tu escritorio, estirarte y observar tu entorno por unos momentos antes de volver a tu tarea.

Conclusión:

El Presente como Fuente de Poder.

El poder del momento presente no debe subestimarse. En este espacio de calma y enfoque, encontramos la capacidad de hacer nuestras mejores contribuciones y de vivir con más paz interior. El mindfulness nos enseña que no necesitamos estar atrapados en pensamientos del pasado o del futuro; todo lo que realmente necesitamos está aquí, en este momento. Al aprender a habitar plenamente el presente, descubrimos que el enfoque en una sola cosa se convierte no solo en una herramienta de productividad, sino en una forma de vida más rica, más tranquila y más satisfactoria.

Capítulo 18:

La Meta Invisible: Ser vs. Hacer.

En nuestra sociedad actual, solemos medir el valor personal por lo que hacemos, por nuestros logros, por la cantidad de tareas que completamos o las metas que alcanzamos. Vivimos en un mundo orientado hacia la acción y la productividad, donde el "hacer" parece ser la única forma de definir nuestro éxito y, a menudo, nuestra identidad. Sin embargo, detrás de todo lo que hacemos, está lo que somos, esa esencia invisible que trasciende cualquier acción o logro.

La Trampa de Definirnos por lo que Hacemos.

La mayoría de nosotros ha caído en la trampa de creer que nuestra valía depende de lo que hacemos. Desde pequeños, aprendemos que ser buenos estudiantes, trabajadores eficientes o personas productivas es sinónimo de éxito. Nos sentimos valiosos solo cuando estamos ocupados, cuando tenemos una lista de tareas por tachar y cuando podemos demostrar que estamos haciendo algo.

Este enfoque puede ser engañoso. Si nos definimos únicamente por lo que hacemos, estamos constantemente buscando hacer más, lo que inevitablemente nos lleva al agotamiento y a una sensación de insatisfacción. La realidad es que siempre habrá algo más que hacer, otro logro que alcanzar, otra tarea que completar. Y si nuestro sentido de identidad y valor está ligado únicamente a esas acciones, nunca podremos sentirnos plenamente satisfechos.

La Importancia del Ser.

Por otro lado, el "ser" es lo que somos en lo más profundo de nuestra esencia. Es nuestra identidad intrínseca, esa parte de nosotros que no cambia, independientemente de lo que hagamos o logremos. El ser está conectado con nuestra autenticidad, nuestros valores, nuestras creencias y nuestra manera de ver el mundo.

El problema es que, en el frenesí del hacer, solemos olvidar lo que realmente somos. Nos volvemos más máquinas de productividad que seres humanos, desconectándonos de nuestras necesidades internas, de nuestros deseos más profundos y de nuestras emociones. Nos convertimos en seres que hacen, en lugar de seres que simplemente son.

Ser y Hacer: Un Equilibrio Necesario.

Esto no significa que el hacer sea algo negativo. El hacer es parte fundamental de la vida; necesitamos actuar, crear, trabajar y contribuir al mundo. Sin embargo, cuando nuestras acciones están desconectadas de nuestro ser, perdemos el equilibrio. Nos volvemos reactivos, tratando de hacer más por la mera necesidad de ser productivos, en lugar de hacer cosas que realmente reflejen quienes somos.

El equilibrio entre el ser y el hacer surge cuando actuamos desde nuestra esencia. Cuando nuestras acciones están alineadas con nuestros valores y nuestras verdaderas aspiraciones, el hacer se convierte en una expresión natural de lo que somos, y no en una obligación externa impuesta por la sociedad o por nuestras propias expectativas.

La Meta Invisible.

La meta invisible es aprender a definirnos desde el ser, y no desde el hacer. No se trata de cuántas cosas podemos hacer o cuántos logros podemos acumular, sino de cómo esas acciones reflejan nuestra esencia. Es un cambio de mentalidad profundo, pero necesario, que nos permite reconectar con nosotros mismos y vivir de una manera más auténtica y plena.

Para lograr esto, es esencial hacer una pausa y reflexionar sobre nuestras acciones. Preguntarnos: ¿Esto que estoy haciendo refleja quién soy realmente? ¿Mis metas están alineadas con mis valores y mis sueños? ¿Estoy actuando desde el miedo al fracaso o desde el deseo genuino de aportar algo positivo al mundo? Estas preguntas nos ayudan a recordar que no somos solo lo que hacemos, sino mucho más.

Practicar el Ser.

Practicar el ser significa cultivar una conexión con nuestra esencia en el día a día. Aquí hay algunas maneras de hacerlo:

- **Conéctate con tus valores:** Reflexiona sobre cuáles son tus valores fundamentales y pregúntate si tus acciones diarias reflejan esos valores. Esto te permitirá actuar con más intención y autenticidad.

- **Dedica tiempo al silencio y la introspección:** El silencio es una puerta hacia el ser. Tomarte unos minutos al día para desconectar del ruido externo y reflexionar en silencio te ayudará a reconectar contigo mismo.

- **Despréndete de la necesidad de hacer:** No siempre tienes que estar haciendo algo para ser valioso. Aprende a disfrutar de momentos de quietud, sin la presión de ser productivo todo el tiempo.

- **Aprecia el presente**: Al centrarte en el momento presente, puedes liberarte de la presión de estar constantemente haciendo y, en cambio, simplemente ser. La meditación, el mindfulness y otras prácticas de atención plena son formas poderosas de reconectar con el ser.

El Verdadero Éxito.

El verdadero éxito no se mide por la cantidad de cosas que hacemos, sino por lo que somos y cómo nuestras acciones reflejan esa esencia. Al vivir desde el ser, nuestras acciones se vuelven más significativas, no porque sean muchas, sino porque están alineadas con lo que realmente importa.

Cuando dejamos de buscar nuestra valía en lo que hacemos y comenzamos a definirnos desde el ser, encontramos una paz interna que no depende de logros externos. Nos damos cuenta de que somos suficientes tal como somos, y que todo lo que hacemos es una expresión de esa plenitud.

Conclusión:

La Senda de una Sola Cosa.

A lo largo de este libro, hemos explorado las trampas del hacer demasiado y la fuerza transformadora de centrarse en una sola cosa. Hemos visto cómo la multitarea nos engaña, cómo la dispersión nos agota y cómo la paciencia, la concentración y el enfoque son las verdaderas claves para una vida plena y productiva. Desde la ilusión de progreso rápido hasta la belleza del proceso y la paz del momento presente, hemos recorrido una senda que nos invita a simplificar nuestras vidas y a redescubrir el poder del enfoque.

Pero este no es solo un conjunto de ideas abstractas o teorías alejadas de la realidad. Es una invitación directa para que transformes tu vida. Para que te atrevas a soltar todo aquello que dispersa tu atención, desgasta tu energía y te aleja de lo que realmente importa. Este es un llamado a la acción, un desafío personal: elegir la senda de una sola cosa.

El Coraje de Elegir.

Vivir en un mundo que constantemente demanda más de nosotros no es fácil. Requiere coraje decir "no" a las distracciones, a las expectativas externas y a la presión de hacer de todo. Requiere valentía elegir una sola cosa y dedicarte a ella con toda tu atención, con toda tu energía y con toda tu alma. Porque en esa elección está el verdadero poder. En esa simplicidad radica la claridad.

Cuando eliges una sola cosa, recuperas el control de tu vida. Ya no eres una víctima de las circunstancias o de las demandas externas. Ahora eres el autor de tu propio destino, caminando con firmeza hacia tus metas, construyendo algo sólido y significativo. Cuando te permites hacer una cosa a la vez, abres espacio para lo esencial, para lo que realmente tiene sentido en tu vida.

El Camino Hacia la Maestría.

Al final, lo que buscamos no es solo productividad, sino maestría. Y la maestría no se logra haciendo mil cosas al mismo tiempo; se logra profundizando en una sola cosa, aprendiendo cada detalle, cada matiz, perfeccionando cada movimiento. Ya sea en el trabajo, en tus relaciones, en tus pasiones o en tu propio desarrollo personal, la senda de una sola cosa es la que te llevará más lejos.

Imagina qué podrías lograr si te dedicaras plenamente a lo que realmente importa. Si dejaras de lado las distracciones y te concentraras en una sola meta, ¿cómo cambiaría tu vida? ¿Cómo cambiaría tu relación contigo mismo, con los demás, con el mundo?.

Un Futuro con Intención.

Al elegir este camino de enfoque, no solo estás eligiendo una forma más productiva de vivir, sino también una más intencional. Cada acción que tomes tendrá un propósito claro, cada decisión te acercará a tus verdaderas metas. Y, lo más importante, estarás viviendo una vida que se siente alienada contigo mismo.

Este es el principio de un futuro más consciente, más pleno, más auténtico. Un futuro en el que tú decides qué importa y a qué dedicarte, sin dejar que el ruido externo o las expectativas impuestas determinen tu rumbo.

Un Llamado a la Acción.

Este libro termina aquí, pero tu viaje apenas comienza. La pregunta ahora es: ¿Qué vas a elegir? ¿Seguirás persiguiendo mil cosas, con la sensación de que siempre falta algo? ¿O te atreverás a simplificar, a priorizar y a concentrarte en una sola cosa que de verdad tenga un impacto en tu vida?

La senda de una sola cosa no es la más fácil, pero es la más gratificante. Te invito a caminar por ella, a descubrir su paz y su poder, y a experimentar la claridad y la satisfacción que provienen de vivir con intención.

Elige con sabiduría. Elige con valentía. Y recuerda: una cosa, bien hecha, puede transformar todo.

Al llegar al final de *UNA COSA O MIL COSAS*, quiero agradecerte una vez más por haberme acompañado en este recorrido. Espero sinceramente que este libro te haya inspirado a ver el poder del enfoque y la claridad en tu vida, y que te animes a aplicar estas ideas en tu día a día.

Este es solo el comienzo. Si las reflexiones y enseñanzas de este libro resonaron contigo, te invito a explorar mis otros libros, donde continúo profundizando en temas que nos desafían a vivir de manera más intencional y significativa. Cada libro es una invitación a descubrir nuevas formas de pensar, crecer y, sobre todo, ser fieles a nosotros mismos en este viaje de la vida.

Espero verte en esas páginas, donde juntos seguiremos aprendiendo, reflexionando y transformando nuestras vidas, una decisión a la vez.

Gracias por tu tiempo, tu confianza y tu compañía.

Editado
Redactado
Maquetado
Por:
Autor: Angelo A. Carmona C.
<u>Contacto para Colaboraciones:</u>

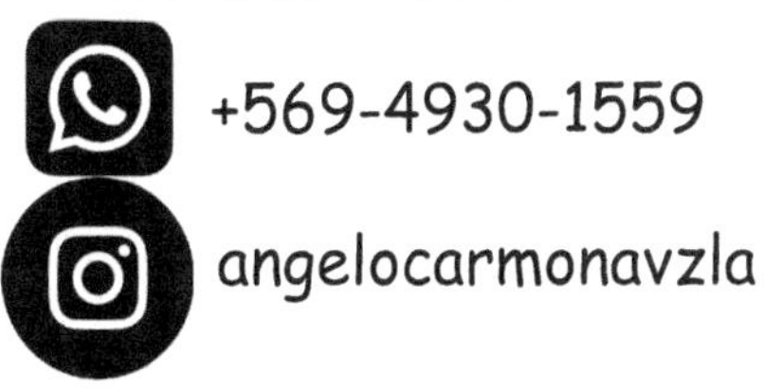

APRENDIENDO A ESCRIBIR LIBROS...

APRENDIENDO A ESCRIBIR LIBROS...